39

한림신서 일본학총서

일본군 군대위안부

요시미 요시아키 지음 | 이규태 옮김

小花

한림신서 일본학총서 39
일본군 군대위안부

초판 1쇄 발행　1998년　8월 20일
2판 1쇄 발행　2006년 11월 22일

지은이 | 요시미 요시아키
옮긴이 | 이규태
발행인 | 고화숙
발　행 | 도서출판 소화
등　록 | 제13-412호
주　소 | 서울시 영등포구 영등포동 7가 94-97
전　화 | 2677-5890
팩　스 | 2636-6393

ISBN 89-8410-310-1　94080
ISBN 89-8410-105-2 (세트)

값 6,700원

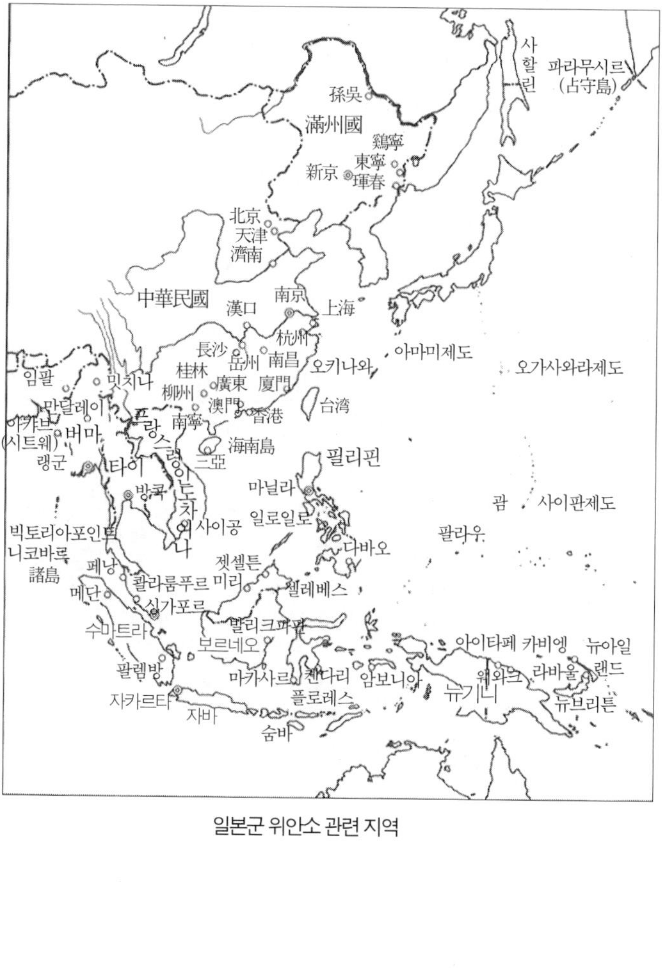
사할린
파라무시르
(占守島)
孫吳
滿州國
鷄寧
東寧
新京
琿春
北京
天津
濟南
中華民國
漢口
南京
上海
杭州
長沙
岳州
南昌
아마미제도
桂林
오키나와
오가사와라제도
임팔
밋치나
柳州
廣東
厦門
台湾
만달레이
澳門
香港
아캬브
(시트웨)
버마
南寧
프랑스령
인도차이나
海南島
랭군
타이
三亞
필리핀
방콕
마닐라
괌
사이판제도
빅토리아포인트
사이공
일로일로
팔라우
니코바르
諸島
다바오
젯셀튼
페낭
콸라룸푸르
미리
셀레베스
메단
싱가포르
발리크파판
수마트라
보르네오
아이타페
카비엥
뉴아일
랜드
팔렘방
마카사르
켄다리
암보니아
웨와크
라바울
뉴기니
자카르타
플로레스
뉴브리튼
자바
숨바

일본군 위안소 관련 지역

차례

한국어판 서문

이 책은 종군위안부* 와 그 제도의 역사에 대해 기술한 것이다. 서문에서 지적하듯이 '종군위안부'라는 용어는 그 실태를 은폐하는 측면이 있기 때문에 정확히는 '일본군 성노예(性奴隷)' 또는 '군용 성노예'라고 해야 할 것이다.

그러나 그것 자체가 전후 약 50년 간 무시되어 왔기 때문에, 그 본질을 분명히 하려는 것이 이 책의 커다란 목적의 하나이다.

또한 이 책은 위안부 제도의 전체상을 해명하고 그 제도하에서 누가 어떠한 인권 침해를 자행했는가를 분명히 하는 것도 목적으로 하고 있다. 따라서 큰 비중을 차지하는 한국인 위안부에 대한 서술이 많은 것은 당연한 일이지만, 그뿐 아니라 중국인 ·

* 정확히 말하면 '일본군 성노예'라고 해야 될 것이다. 이 책에서 제목으로는 출판사의 뜻을 살려 한국에서 일반적으로 쓰이고 있는 '일본군 군대위안부'를, 본문에서는 저자가 선택한 '종군위안부'라는 용어를 쓰기로 한다.

대만인 위안부, 필리핀인을 포함한 동남아시아의 여성, 그리고 네덜란드인 위안부와 일본인 위안부에 대해서도 언급하였다. 이렇게 함으로써 일본군이 일으킨 문제의 중대성과 심각함이 분명히 밝혀지리라고 필자는 생각한다.

한국의 독자는 한국인 위안부들의 가혹한 운명에 대해 이 책의 서술이 불충분하다고 느낄지 모른다. 한국 사회의 통념은, 한국 여성들은 관헌에 의해 여자정신대로서 폭력적으로 연행되어 위안부로 사역되었다고 생각하기 때문이다.

한편 일본에서는 최근 위안부 문제가 커다란 논란의 쟁점이 되고 있다. 위안부 문제에 대한 일본 국가의 법적 · 정치적 책임을 부정하는 사람들은 1996년경부터 특히 이 점을 들어 공격을 시작하였다. '자유주의 사관연구회'나 '새로운 역사 교과서를 만드는 모임'에 속하는 사람들의 주요 논점은 다음과 같은 것이다. 위안부는 '매춘부'이고 본인의 자유의사로 상행위를 한 것에 불과하다. '강제 연행'이라는 것은 '관헌에 의한 노예사냥'과 같은 것을 말하는데, 그같은 강제 연행은 존재하지 않았고 따라서 일본 국가의 법적 · 정치적 책임은 없다.

이 책은 그러한 주장에 충분히 반론할 수 있는 책이라고 자부하고 있다. 그것은 징집에서 '관헌에 의한 노예사냥과 같은 폭력적 연행'이 말단에서 있었는가 여부만을 묻는 것은 문제를 축소시키는 것이기 때문이다. 문제가 되는 것은 위안소에서 강제, 미성년자의 사역, 징집시의 강제와 그에 대한 일본 국가의 책임이다. 나아가 위안소 제도라는 군용 성노예 제도를 만들어 운영했다는 것이 문제시되고 있는 것이다. 이와 관련하여 징집시의 강제에 대해 본다면, 문제는 '관헌에 의한 노예사냥과 같은 폭력적인 연행'만이 아니라, 업자 등에 의한 인신매매, 사기, 납치 등의 강제도 문제인 것이다.

의도적으로 클로즈업된 '관헌에 의한 연행'의 유무에 대해 언급한다면 점령지에서는 분명히 있었다. 그러나 식민지에서 있었는가의 여부에 대해서는 피해자의 증언은 있으나, 아직 확인되지 않았다는 것이 필자의 견해이다. 본문에서 지적하는 바와 같이 여자정신근로령에 근거한 위안부의 동원은 없었다고 생각된다. 그 외 말단에서 관헌이 손을 쓴 폭력적인 징집의 유무는 앞으로 실증해 가지 않으면 안될 것이다.

필자는 앞으로 이 점을 추적해 갈 생각인데, 한국에서도 징집의 실태에 관해서 피해자의 증언만이 아니라 목격자와 관여자의 증언을 수집하는 등, 보다 깊은 조사 · 연구가 진행될 것을 기대한다.

일본에서 위안부 문제의 논쟁은 단지 위안부 문제만으로 그치는 것이 아니라, 근대 일본의 역사를 어떻게 볼 것인가, 일본인의 자긍이란 무엇인가라는 일본인의 역사 인식과 아이덴티티를 묻는 것이기도 하다. 그리고 '새로운 역사 교과서를 만드는 모임' 등의 민족주의적인 언설의 배경에는 한일간 또는 일본인과 다른 아시아인과의 역사 인식의 차이를 좁히는 것은 불가능하다는 견해가 있는 것처럼 보인다.

그러나 그렇다고 인정하면, 상호 이해와 공생은 불가능해진다. 나는 한일간의 상호 토론을 통해서 서로의 역사 인식을 단련하고 서로의 차이를 좁혀 가는 것은 가능하다고 생각한다. 그렇게 하는 것이 21세기를 향해 상호이해와 공생을 열어 가는 길이 될 것이다. 이러한 길을 넓혀 가기 위해, 또 위안부 문제의 근본적인 해결을 위해 이 책이 유용한 역할을 한다면 그 이상의 기쁨은 없을 것이다.

마지막으로 이 책의 번역에 착수해 주신 한일대학교의 이규태 교수와 간행을 결정해 주신 한림대학교 일본학연구소에 깊은 감사를 드린다.

1997년 8월 1일

요시미 요시아키(吉見義明)

저자 서문

문제의 부상

1991년 12월, 세 사람의 한국인 종군위안부 출신 할머니들이 일본 정부의 사죄와 보상을 요구하면서 처음으로 도쿄지방재판소에 소송을 제기하여 일본인들에게 충격을 준 것은 기억에 새롭다. 필자는 세 명 중에서 유일하게 본명을 사용했던 김학순(金學順) 할머니가 일본에 오기 직전 일본 NHK와의 인터뷰에서 "일본군에게 짓밟혀 비참하게 망가진 내 인생을 호소하고 싶었습니다. 일본과 한국의 젊은 세대가 과거에 일본이 저질렀던 일을 알았으면 합니다"(11월 28일, 「ニュース21」)라고 한 말에 감동되어 종군위안부 문제를 연구하기 시작했던 것이다.

종군위안부 존재 그 자체는 전쟁에 참가해 본 경험이 있는 일본 군인이라면 누구나 알고 있는 사실이었다. 패전 직후인 1947년 작가 다무라(田村泰次朗)는 조선인 위안부를 테마로 한 『춘부전(春婦傳)』이라는 소설을 썼는데, 이것은 나중에 영화로도 제작되었다. 그러나 이 문제가 여성에 대한 중대한 인권 침해이며 국가 범죄 · 전쟁 범죄로 연결되는 성격을 띠고 있었다는 것을 우리들은 얼마나 알고 있었을까. 1973년에 지요다(千田夏光)가 『종군위안부(從軍慰安婦)』를 간행하여 그 실태 규명을 시도한 것을 보더라도, 종군위안부 문제가 지금까지 완전히 잊혀져 파묻혀 있었던 것은 아니었다. 그러나 문제의 중대성에 대한 사회적 관심은 결코 폭 넓은 것은 아니었다. '한국 정신대 문제 대책협의회'(정대협) 등을 중심으로 한 한국의 여성운동단체에 의해서 문제가 사회화되었던 것이다.

1990년 5월 노태우 대통령(당시)이 일본을 방문했을 때 한국의 여성단체는 '정신대' 문제에 대한 사죄와 보상을 요구하는 공동성명을 발표하였다(한국에서는 이 시기 정신대와 위안부가 동일한 것으로 여겨지고 있었다).

그러나 일본 정부는 국가 · 군의 관여를 인정하려고 하지 않았다. 6월 6일 참의원 예산위원회에서 정부는 다음과 같이 답변하고 있다.

> 종군위안부에 대해서는 … 역시 민간 업자들이 그러한 분들을 군과 함께 데리고 다녔다든가 하는 상황이었던 것으로, 이러한 실태에 대해 우리들이 조사하여 결과를 발표한다는 것은 솔직히 말해 불가능한 것으로 생각하고 있습니다.

전후 50년 간 사죄 · 명예 회복 · 개인 배상의 문제가 완전히 미해결인 채로 남아 있었던 것은 무엇보다도 일본 정부의 이러한 자세에 원인이 있었던 것이다. 패전에 직면해서 일본 정부가 조직적으로 공문서를 파기 · 인멸한 것은 잘 알려진 사실인데, 그 때문에 국가가 관여한 증거가 없다고 하여 이러한 발언이 가능했던 것이다.

역사적 사실을 부정하는 일본 정부의 이러한 태도에 분노한 한국의 여성단체는 10월 17일 문제 해결을 위해, 그리고 일본이 '진정한 도의를 갖춘 민주주의 국가'일 것을 촉구하며 공동성명을 발표하였다. 그것은 다음과 같은 내용이었다.

1. 일본 정부는 조선인 여성들을 종군위안부로 강제 연행한 사실을 인정할 것
2. 그것에 대해 공식적으로 사죄할 것
3. 만행의 전모를 스스로 명백히 할 것
4. 희생된 사람들을 위해 위령비를 건립할 것
5. 생존자나 유족들에게 보상할 것
6. 이러한 잘못을 다시는 반복하지 않기 위하여 역사 교육을 통해 이 사실을 계속해서 전할 것

필자는 1991년 3월까지 2년간 미국에 유학하고 있었기 때문에 이러한 정부의 답변이 문제가 되고 있다는 사실을 잘 몰랐었

다. 그러나 정부 답변의 허구성은 명백했다. 유학하기 전 필자는 실제로 일본군이 군위안소 설치를 지시한 공문서를 방위청 방위연구소 도서관에서 확인하고 있었다. 김학순 할머니의 발언을 듣고 새삼스레 필자는 방위청 방위연구소 도서관을 다니며 관련 문서를 찾았던 것이다. 그리고 인멸되지 않은 6점의 증거를 발견하여 신문에 발표할 수 있었다(『朝日新聞』 1992년 1월 11일). 왜 인멸되었음에 틀림없을 자료가 남아 있었을까. 이 자료들은 패전 직전 공습을 피하기 위해 하치오지(八王子)의 지하 창고로 보내졌고, 그 때문에 연합군이 도착하기 전까지 소각할 수 없었던 1942년까지의 자료들이었다. 이 자료들은 연합군에게 접수되어 미국으로 건너가게 되었고 이후에 반환되어 방위청 방위연구소 도서관에 보존되었는데, 이 자료들 중에 위안부 관계의 자료가 있으리라고는 어느 누구도 생각하지 않았기 때문에 그냥 방치되고 있었던 것이었다. 그 후 많은 사람들이 정력적으로 자료 발굴에 심혈을 기울였다. 필자는 정부의 제1차 자료 조사 결과도 집어넣어 만든 자료집을 1992년 말에 간행하였다(吉見義明編, 『従軍慰安婦資料集』, 이하 『資料集』이라고 약칭하고 참고로 책의 자료 번호를 기록한다). 또 1993년에는 필자도 참가한 '일본 전쟁책임자료센터'의 독자적인 조사로 62점의 새로운 자료를 공표하는 성과를 올릴 수 있었다.

최초 6점의 자료가 공표되었을 때 그 반향은 컸다. 신문 발표가 있던 다음날인 1월 12일 가토(加藤紘一) 관방장관(당시)은 일본군의 관여를 인정하고 13일에는 사죄의 담화를 발표하였다. 한국을 방문한 미야자와(宮澤喜一) 수상은 17일 한일 수뇌회담에서 이를 공식적으로 사죄하였다.

정부는 무엇을 인정하였는가

그 후 정부는 어느 정도의 자료 조사와 일부 한국인 위안부에 대한 청취 조사를 행하여 1992년 8월 4일 조사 결과를 발표하였다(단 청취 조사 내용은 공표하지 않았다). 이 속에서 정부는 다음과 같은 점을 인정하게 되었다〈고노(河野洋平) 내각 관방장관의 담화〉.

1. 위안소의 설치 · 관리, 위안부의 이송에 대해서는 일본군이 '직접 또는 간접으로 그것에 관여'하였다.
2. 위안부 '모집'은 '감언, 강압에 의하는 등 본인들의 의사에 반해서 모집된 사례가 대단히 많았고', '관헌 등이 직접 그 일에 가담한 적도 있었다.'
3. 위안소에서의 생활은 '강제적인 상황 아래에서 처참한 것'이었다.
4. 조선반도 출신 위안부의 '모집' · 이송 · 관리 등도 '감언, 탄압에 의하는 등 총체적으로 본인들의 의사에 반해서' 행해졌다.
5. 종군위안부 문제는 '당시 군의 관여 아래에서 다수의 여성의 명예와 존엄을 깊이 상처 입힌 문제'였다.

6. 위안부 출신 할머니들에게는 '마음으로부터 사죄와 반성을 드린다.'

이상과 같이 정부는 군과 관헌의 관여와 위안부의 징집 · 사역(使役)에서의 강제를 인정하고 문제의 본질이 중대한 인권 침해였다는 것을 승인하게 된 것이다.

정부는 무엇을 인정하지 않았는가

그러나 이 관방장관 담화에 대해서는 다음과 같은 문제점이 역시 남는다.

첫째, 담화에서는 위안소가 '군당국의 요청에 의해' 설치 · 운영된 것으로 위안부의 '모집'도 '군의 요청을 받은 업자가 주로 담당'하였고, 위안소의 설치 · 관리나 위안부의 이송도 군의 관여는 '간접'적이었던 경우가 있다고 말하고 있다. 즉 위안부의 징집, 군위안소 제도의 운용 주체는 업자였던 것같이 여겨질 여지를 남기고 있다.

그러나 같은 날 발표된 내각 관방 내각외정심의실(內閣外政審議室)의 「소위 종군위안부 문제에 대해서」라는 문서에는 '위안부들은 전지(戰地)에서는 언제나 군의 관리하에서 군과 함께 행동하도록 강요되었으며 자유도 없이 처참한 생활을 강제당한 것은 명백하다'라고 되어 있다. 분명히 뉘앙스가 다르다. 그렇다면 주체는 국가 · 군인가, 업자인가.

둘째, 위안부가 된 여성들의 출신지 · 민족별은 '일본을 별도로 하면 조선반도가 커다란 비중을 차지하고 있다'고 해서 중국인 · 대만인과 동남아시아 · 태평양 지역의 주민에 대해서는 거의 언급하지 않았다. 실제로 일본 정부는 극히 일부의 한국인 출신 위안부들로부터 청취 작업을 했을 뿐, 다른 나라 사람에 대해서는 청취 작업을 하지 않았다. 조선인이 커다란 비중을 차지하고 있었던 것은 명백하지만, 문제 해명을 그것만으로 다할 수 있겠는가.

셋째, '다수 여성의 명예와 존엄을 깊이 상처냈다'고 하면서도 '사죄와 반성의 뜻'만을 언명한 것에 그치고 있다. 그러나 이것은 국제법 위반 및 전쟁 범죄와 관련된 문제일 것이다. 따라서 철저한 진상 규명, 죄의 승인과 사죄, 배상, 재발 방지 조치 등이 당연히 언급되어야 함에도 불구하고 그것이 빠져 있다.

이러한 의문점이 제기되는 관방장관 담화이지만, 그러나 이와 같은 정부의 공식적인 인식조차도 우리들 일본인들에게 폭넓게 공유되지 못하는 것이 현실이다. 예를 들면, 남경학살은 '날조라고 생각한다'고 말하며 사직한 하다(羽田) 내각의 나가노(永野茂門) 법무대신은 이 발언을 했을 때, 위안부 문제에 대해서도 언급하면서 "위안부는 당시의 공창이었기 때문에 그것을 지금의 시각에서 여성 멸시라든가 한국인 차별이라고는 말할 수 없는 것"(『朝日新聞』 1994년 5월 7일)이라고 주장했다.

실세로 일본 징부는 비록 공식적으로 사죄하였다고는 해도 국가와 국가 간의 청구권은 이미 결말이 난 것으로 개인에 대한 보상은 할 수 없다는 태도를 바꾸지 않고 있는 것이다.

전체상 해명의 과제

종군위안부 문제는 생각하지 않으면 안될 여러 가지 문제가 있다. 여성에 대한 중대한 인권 침해라는 점은 분명하나, 일본군 체질의 문제, 식민지 정책의 문제, 타민족 멸시의 문제 등 여러 문제가 관련되어 있다. 그러나 무엇보다도 중요한 것은 사실 규명에 대한 노력이 필요하다. 이 책에서는 우선 종군위안부의 전체상을 해명하기 위한 하나의 명확한 초석을 제공하는 것을 목표로 삼고 싶다.

그리고 이를 바탕으로 필자의 생각을 전개하려 한다.

이 책이 기초로 하는 정보군(情報群)은 다음의 세 가지이다. 이것들은 대개 1991년 이후 밝혀진 것들이다.

첫째로 지금까지 발굴된 내외의 공문서이다.

둘째로 위안부 출신자들로부터 청취한 기록이다. 나는 그 사이에 한국인, 필리핀인, 네덜란드인 위안부 출신자 수십 명으로부터 청취 조사를 했다.

셋째로 일본의 전쟁책임자료센터가 행한 국립 국회도서관 소장의 부대사(部隊史)·전쟁체험기 조사이다. 전직 장교·병사들에 의한 기록은 현재에도 계속 간행되고 있으며 그중에는 중요한 정보가 적지 않다.

그런데 첫 번째의 정보군에 대해서는 커다란 제약이 있다. 조직적으로 인멸되었을 뿐만 아니라 남아 있는 자료에 대해서도 경찰 자료, 식민지에 대한 척무성(拓務省) · 내무성 자료, 방위청에 있는 방대한 업무일지 · 종군일지류, 법무성 · 외무성의 전범재판 자료, 후생성(厚生省)의 복원(復員) · 원호 관계 자료 등이 비공개이기 때문이다. 정부가 한시라도 빨리 공개할 것을 촉구한다. 어쨌든 빙산의 일각이라고밖에 말할 수 없는 상황이다. 그러나 빙산의 일각이라 해도 모습을 드러내고 있는 것으로부터 전체를 추정할 수는 있다. 이러한 시각으로 이 책에서 거론하는 자료를 보아 주었으면 한다.

또한 본론에 들어가기 전에 용어의 문제를 검토해 두고 싶다. 가장 신경이 쓰이는 것은 이 책의 제목으로도 삼은 '종군위안부'이다. '위안'이라고 하는 단어의 본래의미와 실제로 강제된 교활함과의 격차에 더욱더 용서하기 어려운 감정을 느낀다는 소리가 드높다. 예를 들면, 네덜란드의 대일도의청구재단(對日道義請求財團)의 융즈라거 법률고문은 네덜란드인 위안부 출신자의 증언을 언급하면서 '위안부'라는 단어를 거부한다고 말한다. 네덜란드인 여성들에게 강제된 것은 '위안(comfort)'이라는 단어에 함의된 '사랑', '동정', '따뜻함', '불쌍히 여김'과는 완전히 동떨어진 것이었기 때문이라고 말한다(國際公聽會實行委員會編, 『世界に問われる日本の戰後處理』 第1卷). 또 '종군'이라는 단어에는 원래 '자발적'이라는 의미는 없으나 '종군기자'와 같이 스스로의

의사로 또는 일의 내용을 납득해서 참가한다는 뉘앙스가 있는 경우도 있기 때문에 사용해서는 안된다는 의견도 있다.

'종군위안부'라는 것은 일본군의 관리하에 놓여 무권리 상태인 채로 일정 기간 동안 구금되어 장병들에게 성교의 대상이 되기를 강제당한 여성들을 말하는 것으로, '군용 성노예'라고밖에 할 수 없는 처지로 내몰린 사람들이었다. 나도 '종군위안부'라는 용어가 적당하다고는 생각하지 않는다. 그러나 이미 넓게 유포되어 있고 대체할 만한 마땅한 단어는 아직 형성되지 않고 있다. 따라서 이 책에서는 종군위안부라는 용어를 사용하면서 그 실태를 검토해 나가려 한다. '위안소'라는 용어도 문제인데, 이 단어는 드물게 민간의 매춘숙(賣春宿)을 가리켜 사용된 적도 있기 때문에 그것과 구별하기 위해서 '군위안소'라는 용어를 사용하였다.

또한 '매춘부', '예창기(藝娼妓)', '작부', '여급'이라는 용어도 원래는 '성적인 착취를 받는 여성'이라는 의미를 가진 용어로 대체할 필요가 있다고 생각한다. 필자로서는 '종군위안부'를 포함하여 모두 괄호 부호를 치고 싶으나 독자가 읽기 어려울 것을 고려하여 모두 생략하였다. 또 사료의 인용에 있어서는 독자의 편의를 위해서 현대어로 고쳐 알아보기 쉽게 하였다. ( )는 인용자에 의한 주석인 것을 표시한다. 또 문장 중에서는 경칭을 생략하였다.

제I장

설치의 경과와 실태

—제1차 상해사변에서 중일전쟁까지

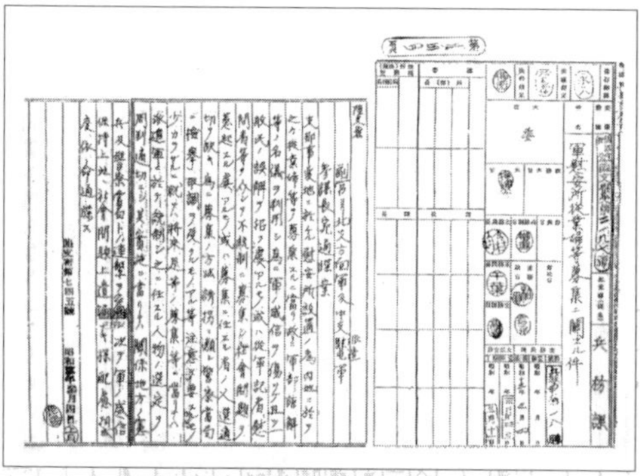

「軍慰安所從業婦等募集에 關한 件」
(『陸支密大日記』, 1938年 第10 所收).
防衛廳防衛硏究所圖書館所藏.

1. 확인되는 최초의 군위안소

상해사변 때 해군이 설치하다

종군위안부나 군위안소 제도는 언제 만들어져 어떻게 확대되어 갔을까. 서문에서 지적한 바와 같이 남겨진 자료가 빙산의 일각인 만큼 이것을 정확하게 파악하는 것은 어렵다. 현재까지 확실한 자료에 의해서 확인되는 최초의 군위안소는 상해에서 만들어졌다.

1931년 9월 18일 일본군은 중국 동북부(만주) 유조호(柳條湖) 부근에서 남만주 철도 노선을 폭파하여 이것을 중국의 소행이라고 날조해서 전쟁을 개시하였다.

소위 만주사변이다. 당초 전면 충돌을 원치 않았던 중국군이 항전에 소극적이었기 때문에 일본군은 단기간에 동북부를 점령하였다. 그리고 다음해인 1932년 1월 상해로 전선을 넓혀 갔다. 제1차 상해사변이다. 이것은 같은 해 3월에 만들어진 괴뢰국가 '만주국'의 건국 공작을 서양의 여러 나라가 주목하지 못하도록 하기 위한 것이었다. 이 '사변' 때 상해에 파견된 일본 육해군이 군위안소를 설치하였던 것이다.

육군에서 군위안소 설치를 담당했던 상해파견군〈사령관 : 시라카와(白川義則) 대장〉의 오카무라(岡村寧次) 참모부장의 회상에 의하면, 위안부 제도는 상해에 있던 일본 해군으로부터 배운 것이라고 말하는 것으로 보아 해군이 먼저 군위안소를 설치하였던 것 같다.

상해에서는 중국 정부가 공창(公娼) 폐지를 착수하고 있었기 때문에 일본 외무성도 체면상 이에 협력하지 않을 수 없어서 1929년 유곽 제도(貸座敷制度)를 폐지하였다. 그러나 일본은 실제로는 편법으로 요리점 작부 제도를 만들어 사실상 공창제가 유지되고 있었다. 다음 일이기는 하지만, 1938년 말에 상해 총영사관이 작성한 「쇼와(昭和) 13(1938)년 재류 일본인 특종 부녀자의 상황 및 그 단속, 그리고 조계(租界) 당국의 사창 단속 상황」이라는 문건에서는 "상해사변 발발과 더불어 우리 군대의 현지 주둔군 증원에 따라 병사들의 위안 기관의 하나로서 해군위안소(사실상 유곽)를 설치하여 현재에 이르고 있음"이라고 기록되어 있다(『資料集』 34). 즉 상해사변 때 해군의 위안소가 설치되었다고 말하는 것이다.

이때 만들어진 해군위안소는 몇 집 정도였다고 생각된다. 1936년이 되면 상해에서 작부를 두고 있었던 요리점은 10군데(작부는 일본인 102명, 조선인 29명)로, 그중 7군데가 해군 전용이

었다고 한다(「昭和十一年中に於ける在留邦人の特種婦女の狀況及其の取締」, 『資料集』 2). 이 7군데는 "해군 하사관을 전문으로 하고 절대로 지방객(민간인)은 접촉시키지 않으며, 또한 작부의 건강검진도 육전대원(陸戰隊員) 및 상해영사관의 경찰관리 입회하에 매주 2회 전문의로 하여금 실시하게 하는 한편, 위안소에 대해서는 해군측과도 협조하여 단속을 엄하게 하고, 또한 신규 개업을 허락하지 않고 있다"(『資料集』 2)고 기록되어 있다. 해군 전용으로 성병 방지를 위하여 군과 영사관(외무성)이 관여하여 엄중한 검진을 행하고 있었던 것이다. 이 7군데가 해군위안소였다. 이 단계에서는 군뿐만 아니라 외무성도 역시 군위안소의 감독에 관여하고 있었다.

이와 같은 상황이었기 때문에 중일전쟁이 시작되자 해군은 재빨리 위안부를 보낸다. 아카마쓰(赤松小寅) 후쿠오카(福岡)현 지사의 보고에 의하면, 1937년 11월 30일자로 2명의 조선인 여성이 상해 북사천로(北四川路)의 '해군위안소 작부'가 되기 위하여 후쿠오카현 하치반 경찰서(八幡署)로부터 도항증명서를 발급받았다(「支那渡航者に對する身分證明書發給に關する件」, 『資料集』 4). 벌써 일본에서 재일 조선인 여성이 위안부로 연행되어 간 것이었다.

육군은 어떻게 했는가

육군에서는 상해파견군의 오카무라(岡村寧次) 참모부장이 해

군의 위안소를 참고하여 1932년 3월부터 설치에 나섰다. 그의 회상에 의하면 상해에서 일본 군인에 의한 강간 사건이 발생하였기 때문에 이것을 방지하기 위해 나가사키(長崎)현 지사에게 요청하여 '위안부단(慰安婦團)'을 불렀다고 한다(稻葉正夫編, 『岡村寧次大將資料』, 戰爭回想編). 시베리아 · 아시아 · 태평양 각지로 매춘을 위해 몸을 팔러 나간 '가라유키상'들은 나가사키현 출신 여성들이 많았기 때문에 육군은 우선 이 사실에 주목하였을 것이다. 여기에서 강간 방지를 이유로 들고 있는 것은 중요하다.

오카무라와 함께 오카베(岡部直三郎) 상해파견군 고급참모도 일기에 다음과 같이 기술하고 있다.

> 요즘 사병들이 여자를 찾아서 여기저기를 기웃거려 불미스러운 이야기를 많이 듣는다.
>
> 이것은 군의 평시 상태에서 늘 일어나는 피하기 어려운 일이기 때문에 오히려 적극적으로 시설을 설치 · 허가하여 사병의 성 문제 해결책에 관해 여러 가지를 배려하고 그 실현에 착수하기로 하다. 주로 나가미(永見俊德) 중좌가 이 문제를 맡았다(『岡部直三郎大將の日記』 1932年 3月 14日 付).

이 서술로부터 군위안소 설치는 오카무라 상해파견군 참모부장과 오카베 고급 참모가 지시를 내려, 나가미 참모가 설치에 나섰다는 지휘 계통을 알 수 있는데, 무엇보다 중요한 것은 군위안소 설치가 군인에 의한 강간 사건을 방지하기 위한 것이었다는 논리이다. 왜 이러한 발상이 나오게 된 것일까. 또 왜 강간 사건 발생을 듣자마자 곧 군위안소를 설치한다는 재빠른 대응이 나온 것일까.

이에 대해 육군은 이미 어느 정도의 복안을 가지고 있었다고 생각하지 않을 수 없다. 아마 1918년부터 1922년까지의 시베리아 출병(러시아의 사회주의 혁명에 대한 간섭전쟁) 경험이 염두에 있었기 때문이라고 생각된다. 오카무라는 1921년 보병 제14연대 소속으로 서양에 출장 갔다가 귀국한 후, 단기간이었지만 이 연대의 대대장이 되었는데, 이 연대는 시베리아에 출정한 경험이 있었다. 오카베는 이름이 알려진 러시아통으로 시베리아 출병 때에는 블라디보스토크 파견군 사령부 소속(하바로프스크 특무기관)이었다.

시베리아 출병은, 귀환병의 언동(言動) 조사에 의하면 '출병 목적을 과반수 이상의 사병들이 이해하지 못한' 상태라고 병사들 자신이 말하는 것처럼, 전쟁 목적을 알 수 없는 전쟁이었기 때문에 병사들의 기분이 황폐해져 있었다.

그 때문에 사기 저하와 군기 이완이 현저하여 민가에서 가축 · 식량의 약탈이나 강간 사건이 적지 않았다고 한다(原暉之, 『シベリア出兵』). 이것은 작전에 장애를 가져오는 요인으로서 군수뇌부로서는 골치 아픈 문제였다.

더욱이 시베리아 출병에서 특징적이었던 것은 성병 감염률이 높았다는 것이다. 1918년 8월부터 1920년 10월 말까지 성병 환자는 1,109명에 이른다(參謀本部編, 『西伯利出兵史』 第4卷付表). 같은 시기 전사자는 1,399명, 부상자는 1,528명이므로 그 숫자가 얼마나 많은가를 알 수 있다. 더구나 성병 감염은 불명예스러운 일로 걸렸을 경우에도 감추는 사람이 많았기 때문에 실제 숫자는 훨씬 더 많았을 것이다. 북사할린(北樺太)과 그 대안(對岸)인 니콜라이예프스크 등을 관할하는 사할린 파견 헌병대에서는 환자 331명 중 성병 환자는 33명으로 환자의 1할을 차지하고 있다. 헌병사령부 분석에 의하면, 그 원인의 하나는 장병들을 상대하는 예기 · 작부의 성병 감염률이 높았다는 점(1921년에도 28%)에 있었다(『薩哈嗹派遣憲兵史』). 쓰노(津野一輔) 사할린 군정부장은 1920년 9월 1일 「예기, 작부 단속규칙」을 만들어 예기 · 작부는 헌병대 허가제로 하고 헌병대가 지정한 건강검진을 받도록 의무화하였다(同上). 이것이 헌병대 관리의 공창제이다. 이미 일본군은 이와 같은 경험이 있었던 것이다.

중국 동북의 경우

중국 동북에서의 군위안소 설치가 자료에 의해 확인되는 것은 1933년 4월이다.

평천(平泉)에 주둔한 혼성 제14여단을 위해 설치된 '방역 · 위생 시설'이 그것이었다. 조선인 예기 · 작부 35명, 일본인 예기 · 작부 3명으로 육군 군의관이 성병 검사를 담당하고 있있다(混成

第十四旅團司令部, 「衛生業務旬報」, 1933年 4月 中旬号). 이 자료에는 군위안소라는 용어는 나오지 않으나 사실상 군위안소인 것은 분명하다.

설치 동기의 하나는 성병 예방이었다. 평천에는 중국 유곽이 서너 집 있었으나, 거기에 있는 약 20명의 창기 중 대다수는 성병에 걸려 있었다. 이 때문에 3월 말에 병사의 출입을 금지하고 그 대신에 위안부를 도입한 것이다(同上, 3月 下旬号).

군은 '군대 방역상의 필요', 즉 장병에게 성병이 퍼지지 않게 하기 위해서 성병 예방에 관해 신경을 곤두세우고 있었다. 새로 들어온 조선인 위안부 일부에게 성병이 있었기 때문에 여단사령부는 병사에게 위안부의 건강 검진표를 확인할 것, 콘돔과 성병 예방 연고를 사용할 것, 위안소에서 돌아왔을 때에 성기를 소독수로 씻을 것을 엄격하게 주의시키고 있었다. 또 담당 구역에 「예창기 · 작부건강진단실시요령」을 만들어 일반 유곽을 포함한 예창기 · 작부의 성병 검사를 매주 1회 이상 실시하도록 하였다(同上, 4月 下旬号).

그 후 각 부대로부터 산해관(山海關)의 중국인 유곽에 출입하기를 희망하는 진정이 있었기 때문에 여단사령부는 그곳의 여성 성병 검사도 군이 실시하는 것으로 하여 장병들의 출입 금지를 해제하였다. 군에 의해 성병 검사가 실시된 유곽이란 다시 말해 군이 지정한 위안소였다. 다만 검사 결과 이 중국인 유곽의 여성 성병 감염률은 30% 이상이었기 때문에 여단 사령부는 '성적은 극히 불량'이라고 기술하고 있다(同上, 7月 下旬号).

이 시기 중국 동북에서의 군위안소 설치를 나타내는 자료는 많지 않다. 그러나 혼성 제14여단의 예도 빙산의 일각이었으리라는 것은 의심할 여지가 없다. 일본군이 이동하는 곳에는 꽤 많은 수의 위안부 집단이 동행하고 있었던 것이다. 예를 들면, 1933년 6월 금주(錦州)로부터 열하성(熱河省)의 성도(省都)인 승덕(承德)으로 여행하였던 황한의학중산연구소(皇漢醫學中山研究所) 소장 나카야마(中山忠直)의 증언이 있다. 나카야마는 금주의 일본군 사령관에게 군용기에 동승시켜 줄 것을 부탁했을 때, 들은 말을 인용하면서 다음과 같이 말하고 있다.

> 만주에 와서 더욱이 승덕에 와서 낭자군(娘子軍)이 말장난이 아니라 실제로 군대의 일부이고 사실상의 '군대'라는 것을 절실히 깨달았다. 금주의 사령관이 '여자는 필수품이니까 비행기에 태우지만'이라고 했는데 그 말의 뜻을 참으로 알게 되었다. 일본군이 진군하면 간부들이 가장 염려하는 것은 낭자군의 수입이다. …일본군이 중국 부인을 강간하지 않는 것은 낭자군이 있기 때문에 가능한 것으로 그들은 결코 단순한 매음녀가 아니다(「滿蒙の旅(3)」).

낭자군이란 일반적으로 창기 집단, 특히 해외로 나간 창기 집단을 말한다.

나카야마는 '포탄 사이를 넘나들며 군량'을 운반하고, 부상병에게는 '아내와 같은 간호사'가 되어 주는 위안부, '실제로 군의 일부'인 것 같은 낭자군이 있었다고 말하고 있지만, 이것은 위안부가 예외적인 것이 아니라 참으로 일본군과 끊을 수 없는 것으로 존재하고 있었다는 점을 역으로 밝히는 것이다.

2. 대량 설치의 시대로

남경사건 전후

1937년 7월 일본은 중국에 대한 전면적인 침략전쟁을 개시하였다. 단기간에 걸쳐 수십만 명의 병력이 중국 대륙에 파견되고 1938년 이후는 중국 대륙에 항상 100만 명 이상의 군대가 주둔하게 되었다. 이와 같은 대량 동원은 일본군으로서는 처음 경험하는 일이었다. 그리고 1937년 말부터 일본군은 중국 각지에 대량으로 군위안소를 설치하기 시작하였다.

군위안소의 대량 설치는 남경사건(남경대학살)을 일으키게 되는 남경공략전과 깊은 관계가 있었다. 1937년 11월, 90일 간에 걸친 격렬한 상해공방전 후, 중부 중국방면군〈中支那方面軍, 사령관 : 마쓰이(松井石根) 대장〉은 남경을 향해 진군을 개시하였고, 진로가 된 양쯔강 연안의 각지에서는 약탈 · 학살 · 방화 · 강간 등의 불법 행위가 무수히 자행되었다. 다른 전쟁 범죄와 같이 강간은 최악의 행위였는데, 동시에 일본군 수뇌부에게도 특히 신경 쓰이는 범죄였다. 국제적으로 빈축을 살 뿐만 아니라 중국인이 강간에 대해서 엄격한 태도를 취한다는 것을 잘 알고 있었기 때문이다. 예를 들면, 1932년 7월 관동군 참모부는 다음과 같이 말하고 있다.

> 중국인은 체면을 중요시하며 외견상 부인을 정중하게 대하는데, 강간은 모든 악덕 폭학 행위 중에서 가장 극악한 것으로서 대단히 중대한 사회 문제로 보고 있다. (비적이나 도적도) 거짓말, 기만, 약탈, 강도 등은 태연하게 하지만, 강간만은 여간해서는 하지 않는다(關東軍參謀部宣傳參考「漢民族の特質」).

이와 같이 일본 군인이 범한 강간 사건은 무엇보다도 치안 유지상 중대한 문제라고 생각되고 있었다. 상해에서 남경을 향해 침공하는 도중에 중부중국방면군은 12월 11일 군위안소 설치에 대한 지시를 내린다. 남경공략전에 참가했던 이이누마(飯沼守上) 상해파견군 참모장의 같은 날 일기에는 '위안 시설의 건, (중부중국)방면군에서 서류 오다. 실시를 꾀하다'라고 씌어 있다(南京戰史編纂委員會編, 『南京戰史資料集』). 이때가 바로 남경 점령 직전이었다.

이 지시를 받은 상해파견군은 참모 제2과(후방담당)가 초안을 만들고 참모인 조이사무(長勇) 중좌가 19일, 남경의 군위안소 설치에 착수하였다. 남경 점령은 12월 13일이었으나, 가미무라(上村利道) 참모부장의 일기에 의하면 '(28일) 군대의 비위(불법 행위) 너무나 많은 것 같아 … 남경 위안소 개설에 대해 제2과 안을 심의하다'라고 기술되어 있다(同上). 군위안소 개설이 착착 진행되고 있었다.

중부중국방면군의 지휘하에 있던 제10군도 방면군의 지시를 받아 즉시 군위안소 설치에 착수하였다. 제10군 참모 야마자키(山崎正男) 소좌의 일기(12월 18일자)에는 호주(湖州)에서의 군위안소 설치 과정이 생생하게 기록되어 있다.

> 먼저 간 데라다(寺田) 중좌는 헌병을 지도하여 호주에 오락 기관을 설치했다. 처음에는 네 명이었는데 오늘 일곱 명이 되었다. 아직 공포심이 있는 모양으로 응모자도 별로 없고 '서비스'도 불량하지만 생명이 안전하고 금전은 꼭 지불되며 혹사당하지 않는다는 사실이 알려지면 차차 희망자도 많아질 것이다. 헌병은 100명 정도 모아야 한다고 말한다. …별도로 통보를 낸 것도 아니고 입구에 표지를 세운 것도 아닌데 병사들은 어디에서 들었는지 대성황을 이루어, 자칫 잘못하면 혹사당할 염려도 있어 주의가 필요하다. 먼저 갔다 온 데라다 중좌는 원래 직접 스스로 실험해 보았고 오늘 도착한 오사카(大阪) 소좌, 센도(仙頭) 대위도 이 이야기를 듣고 견디기 어려운 모양으로, 헌병 대장과 함께 즉시 외출하다. 약 한 시간 반 정도 지나 되돌아오다. …대체적으로 만족한

모양이다(同上).

점령 직후라는 상황을 고려하면 그 지방의 중국 여성이 희생되었을 것이다. 군의 참모가 헌병을 지휘하여 위안부를 모아 군위안소를 설치하였던 것이다. 모인 위안부가 공포감을 갖는 것은 당연한 것으로 '혹사당할 염려도 있어 주의가 필요하다'는 기술에는 아연하지 않을 수 없다. 그리고 장교가 솔선해서 군위안소에 갔다는 것은 간과할 수 없는 사실이다.

이 시기 중국인 여성을 위안부로 강제했다는 사실은 다른 자료에서도 확인된다. 제3사단 위생대의 담가 제3중대(擔架第三中隊)는 진강(鎮江)·양주(揚州)전투를 거쳐 12월 18일 양주에 입성한 부대인데, 여기에서도 입성 후 곧 군위안소가 개설되었다. 개설 위원이 된 스기노(杉野茂)의 회상에 의하면, 다른 위원이나 중국측 양주자치위원회(치안유지회)와 함께 거리에서 중국인 여성 47명을 모집해 녹양여사(綠揚旅舍)라는 4층 목조 가옥을 사용하여 개업시켰다고 한다(第三師團衛生隊回顧錄編集委員會編, 『第三師團衛生隊回顧錄』). 직영이었다는 점과 중국측에 여성을 모집시킨 점이 주목된다.

1938년 이후의 화중(華中)

1938년에 들어서면 군위안소는 착착 설치되어 나갔다. 예를 들면, 독립공성중포병(獨立攻城重砲兵) 제2대대의 반파(万波部)

대대장의 「상황보고」(『資料集』 39)에 의하면, 상주(常州)에는 1938년 1월 20일까지 두 개의 군 직영 위안소가 개설되어 있었다. 그 하나는 '병참이 경영하는 것'이고, 또 하나는 '군 직할부대가 경영하는 것'이었다. 각 부대는 '지정한 날 간부 인솔하에 대개 한 부대 약 한 시간 배당'으로 이용하였고, '위생 검사를 위해 군의관을 미리 입회시켜 점검하는' 치밀한 관리 방법이었다. 그러나 이같이 병사의 행동을 규제해도 위안소를 둘러싼 문제가 때때로 발생했다는 것을 같은 대대 제2중대의 「진중일지」가 보여 준다.

'돈은 꼭 낼 것'(3월 3일), '위안소에서는 행동을 신중하게 하고 폭행 등은 하지 말 것'(3월 14일) 등의 주의가 있는 것은, 그러한 사태가 일어났다는 것을 암시한다. 또 '성내에서 강간, 약탈 각각 한 건 있음'(3월 3일), '성내외에서 부녀자에게 폭행을 가하려고 한 사람이 있음', '함부로 민가에 들어가 부녀자를 찾는 사람이 있음'(3월 16일) 등 군위안소 개설 후에도 여전히 강간 사건이 발생하고 있었던 것이다(『資料集』 40).

제101연대 제2대대의 오기시마(荻島靜夫) 하사의 종군일지에 의하면, 1938년 1월 상해의 도요타(豊田)방직공장에 숙영하고 있었을 때 그는 최초로 군위안소를 접하게 된다. 일기의 관련 부분을 추려 쓰면 다음과 같다.

1월 8일 밤, 부장으로부터 위안소 개설의 이야기를 듣다. 기뻐

하는 자가 많다.

1월 9일 오늘 처음으로 중국삐(위안부)가 3명 왔다. 본부 부근에 주보(酒保 : 군대 내의 매점)를 개설하였기 때문에 후루야(古谷) 하사, 다나카(田中) 상등병이 주보 담당자로 가다.

1월 10일 오늘 주보 개설 1월 10일 오후 7중대에 군의관과 함께 가 주보 개설의 검사에 입회하다. … 방심해서는 안된다고 생각하다. 저녁 무렵 또 두 명의 여급 오다.

1월 12일 밤에 하사관 일동과 같이 주보에 가다.

1월 13일 오늘 급히 주막 담당을 명령받고 주보에 가다. 전지(戰地) 군대는 재미있는 곳이다. 여급만이 있는 주보이니까. 팔 물건은 하나뿐이다. 여자를 사려는 군인들이 몰려와 오후부터 밤늦게까지 다망했다(田中常雄編, 『追憶の視線』 下卷).

주보는 군대 내의 매점이다. 그러나 여기에서는 '팔 물건은 하나뿐이다'고 한다. 군위안소인 것은 명백하다. 더구나 직영이었던 모양이다. 상해파견군의 병참병원에서 근무하고 있었던 아소(麻生徹男) 군의관의 회상에서도 1938년 초 상해의 양가택(揚家宅)에 차려진 위안소는 군 직영이었다(麻生, 『上海より上海へ』). 그는 이때 약 100명의 위안부의 성병 검사를 하고 있었는데, 그 8할은 조선인, 2할은 일본인이었다. 그 무렵부터 일본과 조선에서 모아들인 위안부가 속속 도착하기 시작했던 것이다.

그런데 1938년 말부디 1939년경의 회중(華中)의 군위안소 ·

위안부의 수를 우연히 기록으로 남겨 놓은 희귀한 외부성 자료(각지의 영사관 보고)에 의해 정리해 보면 다음과 같다(『資料集』 34, 36, 37, 53, 54, 55, 57, 58).

상해(上海)—육군위안부 300명(별도로 해군위안소 7군데)

항주(杭州)—군위안소 4군데. 위안부 36명

구강(九江)—군위안소 24군데. 위안부 250명(조선인 143명. 일본인 107명)

무호(蕪湖)—군위안소 6군데. 위안부 70명(조선인 22명, 일본인 48명)

무한(武漢)—군위안소 20군데. 예창기 · 작부 등 395명(다만 이들 모두가 위안부는 아니다)

남창(南昌)—군위안소 11군데. 위안부 111명(조선인 100명. 일본인 11명)

진강(鎭江)—군위안소 8군데

양주(揚州) · 단양(丹陽)—군위안소 각 1군데

이것들은 주로 '재류 일본인'(일본인 · 조선인 · 대만인)의 직업별 인구 통계이기 때문에 중국인 위안부는 드러나지 않는다. 또 군직영 위안소는 통계에 들어 있지 않다. 어디까지나 영사관이 파악한 숫자이다. 이것에 의하면 일본인보다도 조선인의 비율이 높다. 또 대도시뿐만 아니라 중소도시에도 군위안소가 확대되고 있었다는 것을 알 수 있다.

화북(華北)에서도 대량 설치가 시작되다

군위안소의 확대는 양쯔강 유역이 가장 빨랐으나, 곧 화북 지역으로 확대되어 갔다. 그 이유는 동일한 것이었다. 화북에서도 일본 군인에 의한 강간 사건이 자주 발생하여 그 지방 주민들의 격분을 샀기 때문에 파견군의 최고 사령부에서도 무시할 수 없었기 때문이었다.

오카베(岡部直三郎) 북부중국방면군 참모장은 1938년 6월 「군인 군대의 대주민 행위에 관한 주의에 관한 건 통첩」(『資料集』 42)이라는 지시에서, 화북의 점령 지역 전체에서 치안이 나빠지고 있다고 하여 그 원인과 대책에 대해 다음과 같이 말하고 있다. 이것은 필자가 발견해서 소개한 문서인데, 보병 제9여단의 두꺼운 「진중일지」 속에 우연히 수록되어 있었다. 이 「진중일지」를 면밀히 살펴보지 않으면 발견할 수 없는 성격의 글이다.

> 이렇게 해서 여러 가지 정보에 의하면 이와 같은 강렬한 반일 의식을 불러일으키는 원인은 각지에서 일본 군인이 강간 사건을 전체적으로 만연시켜 실로 예상 외의 심각한 반일 감정을 조성시킨 데 있다. … 원래 산동(山東), 하남(河南), 하북(河北) 남부 등에 있는 홍창회(紅槍會), 대도회(大刀會)나 이에 유사한 자위단체는 예로부터 군내의 약탈, 강간 행위에 대한 반항이 치열한데,

특히 강간에 대해서는 각지의 주민들이 일제히 들고일어나 죽음을 무릅쓰고 보복하는 것이 관례이다. … 따라서 각지에 빈번하게 일어나는 강간은 단순한 형법상의 죄악에 머무르지 않고 치안을 혼란하게 하여 군 전반의 작전 행동을 저해함으로써 국가에 누를 끼치는 중대한 반역 행위라고 말할 수 있다. … 이러한 행위의 발생을 근절할 필요가 있다. 만일 이것을 불문에 붙이는 지휘관이 있다면 그것은 불충한 신하라고 말하지 않을 수 없다. … 위와 같은 군인 개인의 행위를 엄중히 단속함과 동시에 한편으로 가능한 한 신속히 성적 위안 설비를 만들어, 설비가 없기 때문에 본의 아니게 죄를 범하는 자가 없도록 하는 것이 긴요하다.

화북에 있는 모든 군대를 지휘하는 북부중국방면군은 강간 사건이 각지에서 많이 일어나는 것을 인정하고 주민들의 분노를 샀기 때문에 치안유지상, 작전상 지장을 받고 있다고 말하지 않을 수 없는 상황이었다. 그 대책으로서 방면군 참모장은 지휘하의 각 부대에 군위안소를 만들도록 지시한 것이었다.

다만 화북의 경우 화중 · 화남에 비해 군위안소 설치의 실태를 잘 알 수 없다.

영사관이 직업별 인구 통계표에 '위안소'의 항목을 만들지 않았기 때문이다. 극소수의 관계 자료 중 북부중국 경무부의 '일본인 직업별 인구 통계표'(1939년 7월 1일 현재)라는 자료가 있는데, 여기에 '예기, 창기, 작부 기타'의 사람 수가 합계 8,931명으로 기록되어 있다. 이 안에 상당수의 위안부가 포함되어 있었다고 추정된다. 또 당연한 일이지만 이 통계에 나타나 있는 것은 일본인 · 조선인 · 대만인으로 중국인 위안부는 포함되어 있지 않다. 어쨌든 방면군의 명령에 따라 1938년부터 화북 각지에 군위안소가 급속하게 증가한 것은 틀림없는 사실이다.

화남(華南)의 상황

1938년 10월 전화(戰火)는 화북으로 확대되었다. 광주(廣州)의 제21군 사령부가 1939년 4월에 작성한 「전시순보(후방 관계)」(『資料集』 44)라는 제목의 보고서에는 역시 군위안소 · 위안부에 대해 기록되어 있다. 그 자료에 의하면 제21군이 직접 통제하고 있는 위안부는 850명, 지휘하의 각 부대가 향토에서 부른 위안부가 약 150명, 합계 1,000명이었다. 이 숫자는 헌병 주둔지만의 집계이며 이 외에 헌병이 파악하지 못한 각 부대의 위안부가 있기 때문에 실제로는 더 많았다.

군위안소가 설치된 장소는 광주 시내 · 광주 동부 · 광주 북부 · 하남 · 불산(佛山) · 해구도(海口島)가 중심이었고, 삼수(三水) · 구강(九江) · 증성(增城) · 석룡(石龍) 등에도 있었다.

제21군의 마쓰무라(松村) 군의부장의 발언을 보면 위안부가 증가해 가는 상황을 알 수 있다. 그는 4월 15일 육군성 의무국 회의에서 다음과 같이 말하고 있다.

성병 예방 등을 위해 병사 100명에 대해 1명 꼴로 위안부를 수입한다. 1,400~1,600명. 치료는 박애병원에서 시행하고 그 비용은 포주가 부담한다. 매독검사는 주 2회(金原節三, 『陸軍省業務日誌摘錄』. 이하 『金原摘錄』이라 약칭).

위안부의 수가 1,400~1,600명에 이른다고 말하는 것이다. 이 숫자도 제21군이 통제하고 있었던 위안부의 수이며, 이 외에 제21군 지휘하의 소규모 부대가 현지에서 징발한 상당수의 위안부가 있었다는 것은 말할 필요도 없다.

중국 동북에서의 위안부 이송 계획

1941년 7월경 육군은 소련 침공을 위해 80여만의 병력이 소련과 중국 동북 국경 부근에 결집시키려 하고 있었다〈대소련전의 준비인 것을 감추기 위해 관동군 특종연습(관특연)이라는 명목으로 동원하였다〉. 이 병사들에게 제공하기 위해서 관동군〈사령관 : 우메즈(梅律美治朗) 중장〉은 이미 중국 동북에 있는 위안부와는 별도로 2만명의 조선인 위안부를 모을 계획을 세웠으며, 담당인 하라(原善四朗) 참모는 조선총독부〈총독 : 미나미(南次朗) 대장〉에게 의뢰하여 약 1만 명(8,000명이라고도 한다)의 조선인 위안부를 모아, 중국 동북부에 보내고 시설을 특설하여 '영업'시켰다고 한다(島田俊彦, 『關東軍』; 千田夏光, 『從軍慰安婦』 正篇).

현재까지는 이것을 나타내는 원 자료가 발견되고 있지 않지만 만일 이것이 사실이라고 한다면, 단기간의 징집이기 때문에 총독부 직원이 징집에 깊이 관여했음에 틀림없다.

3. 육군 중앙과 국가의 관여에 대해서

육군 엘리트들이 관여

이상이 제1차 상해사변에서 중일전쟁기에 이르는 군위안소 설치의 개관이다.

지금까지 들었던 사례를 보면, 군위안소 설치와 관계되어 이름이 나온 장교는 거의 육군 엘리트였다는 것을 발견할 수 있다. 다시 한 번 이 점을 점검해 보자.

상해파견군 참모부장이었던 오카무라는 1944년에 중국파견군 총사령관이 되고 오카베(岡部直三朗) 고급참모도 같은 해 북부중국방면군 사령관이 되었다. 직접 설치를 지휘했던 나가미(永見俊德) 중좌는 후에 제55사단장이 된다.

남경 위안소 설치를 담당했던 소이사무(長勇) 중좌는 1931년에 육군 장교들이 계획한 쿠데타 미수 사건인 '10월사건'의 모의에 참가해 검거된 경력을 가진 인물이었으나, 후에 제32군 참모장이 되어 오키나와에 부임하였다. 헌병을 지휘하여 호주(湖州)에 위안소를 설치한 제10군 데라다(寺田雅雄) 참모는 후에 기갑본부장이 된다.

설치에 관여했던 자들이 모두 엘리트 군인이라는 사실 하나만으로도 위안소 설치가 조직적이었다는 것은 명확하다. 또 결코 현지군 독단으로 그것이 시행된 것도 아니었다. 위안소 설치의 구체적 시책은 현지군이 책정했다고 하더라도 그 방책을 적극적으로 시인하고 추진한 것은 다름 아닌 육군성이었다.

육군성 관여를 증명하는 문서

육군성의 관여를 나타내는 가장 중요한 자료의 하나는 1938년 3월 4일에 육군성 부관통첩으로서 내려진 「군위안소 종업부 등 모집에 관한 건」(『資料集』 6)이라는 문서이다. 이것도 필자가 찾아 공표했기 때문에 정부 견해가 변하게 된 것이었다. 전문을 인용해 보자.

> 부관으로부터 북부중국방면군 및 중부중국파견군 참모장에게 보내는 통첩안중국사변 지역에 위안소를 설치하기 위해 일본 국내에서 종업부 등을 모집함에 있어서 불필요하게 군부 양해 등의 명의를 이용하여 군의 위신을 손상시키고 또한 일반 시민의 오해를 불러일으킬 위험이 있고, 혹은 종군기자, 위문자 등을 매개하여 통제 없이 모집함으로써 사회 문제를 야기할 위험이 있으며, 또 모집에 임하는 사람을 잘못 선정하여 이로 인해 모집 방법이 유괴와 같아 경찰 당국에 검거되어 취조를 받는 자가 나오는 등, 주의를 필요로 하는 사항이 적지 않으므로 장래에는 위안부 모집

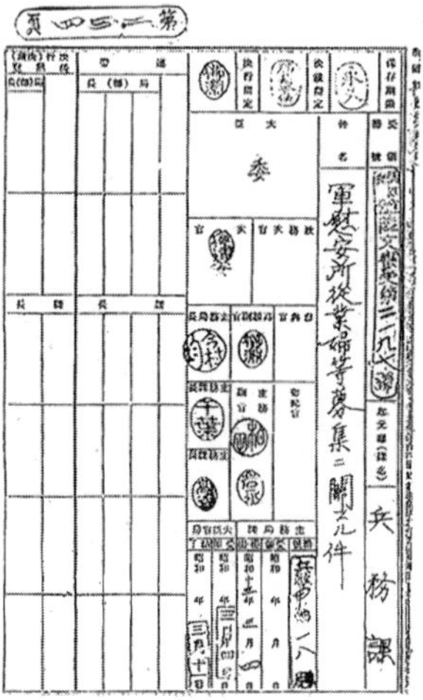

第二三四四頁

軍慰安所從業婦等募集ニ關スル件

兵務課

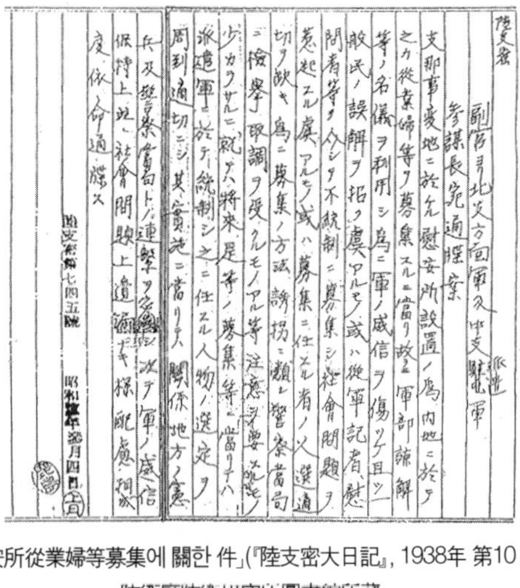

陸支密

副官ヨリ北支方面軍及中支派遣軍參謀長宛通牒案

支那事變地ニ於ケル慰安所設置ノ爲內地ニ於テ之カ從業婦等ヲ募集スルニ當リ故ラニ軍部諒解等ノ名儀ヲ利用シ爲ニ軍ノ威信ヲ傷ツケ且ツ一般民ノ誤解ヲ招ク虞アルモノ或ハ從軍記者、慰問者等ヲ介シテ不統制ニ募集シ社會問題ヲ惹起スル虞アルモノ或ハ募集ニ任スル者ノ人選適切ヲ缺キ爲ニ募集ノ方法誘拐ニ類シ警察當局ニ檢擧取調ヲ受クルモノアル等注意ヲ要スルモノ少カラサルニ就テハ將來是等ノ募集等ニ當リテハ派遣軍ニ於テ統制シ之ニ任スル人物ノ選定ヲ周到適切ニシ其實施ニ當リテハ關係地方ノ憲兵及警察當局トノ連繫ヲ密ニシ以テ軍ノ威信保持上並ニ社會問題上遺漏ナキ樣配慮相成度依命通牒ス

陸支密第七四五號 昭和十三年三月四日

「軍慰安所從業婦等募集에 關한 件」(『陸支密大日記』, 1938年 第10 所收).
防衛廳防衛硏究所圖書館所藏.

에서 파견군이 통제하고 이를 맡길 인물 선정을 주도 면밀하게 하며, 그 실시는 관계 지방의 헌병이나 경찰 당국과 연계를 긴밀히 하고, 이에 의해 군의 위신 유지상, 그리고 사회 문제상 유감 없도록 배려할 것을 명령에 의거해 통첩한다.

이 내용에 의하면, 육군성은 파견군이 선정한 업자가 일본 국내에서 유괴와 흡사한 방법으로 위안부를 모집하고 있다는 것을 알고 있었다. 그러나 그러한 일이 계속되면 일본군에 대한 국민의 신뢰가 떨어진다. 따라서 이와 같은 불상사를 막기 위해 각 파견군(북부중국방면군 · 중부중국파견군)이 징집 업무를 통제하고 업자 선정에 보다 철저를 기하도록 지시한 것이었다. 또 징집 때 업자와 지역의 경찰 · 헌병과의 연대를 긴밀히 하도록 명하고 있다.

이 문서는 병무국 병부과가 입안하여 우메즈(梅律美治朗) 육군차관이 결재한 것이다. 우메즈 차관은 후에 참모총장이 되고 패전시에는 전함 미주리에서 항복 문서에 서명한 적도 있는 유명한 육군 초엘리트였다. 또 '명령에 의거해 통첩한다'라는 것은 중요한 의미로, 이것은 육군대신 스기야마(杉山本)의 위임을 받아 명령을 내린다는 것을 의미한다. 즉 육군성 자체가 위안부 정책에 관계하고 있다는 것을 선언하고 있는 것이다.

다음으로 중요한 것은 1940년 9월 19일 육군성으로부터 육군 각 부대에 교육 참고 자료로서 보낸 「중국사변의 경험에서 본 군기 진작대책」(『資料集』 28)이다.

간추려 적어 보면 다음과 같다.

> 사변 발발 이래 실정에 비춰 보면, 혁혁한 무훈이 있는 반면 약탈, 강간, 방화, 포로 참살 등 황군(皇軍)의 본질에 반하는 많은 범행이 발생하고 따라서 성전(聖戰)에 대한 내외의 혐오 반감을 초래하여 성전의 목적 달성을 곤란하게 하는 것은 유감스러운 일이다. … 범죄 비행 발생의 상황을 관찰해 보면 전투 행동 직후에 많이 발생하는 것이 인정된다. … 사변 지역에서는 특히 환경을 정리하고 위안 시설에 관해 주도 면밀하게 신경을 써서 살벌한 감정이나 열악한 감정을 완화 억제하는 것에 유념할 필요가 있다. … 특히 성적 위안소에서 받는 병사들의 정신적 영향은 가장 솔직하고 심각한 것으로, 이에 대한 지도 감독의 적합 여부는 사기 진흥, 군기 유지, 범죄 및 성병의 예방 등에 미치는 영향이 극히 크다고 생각하지 않을 수 없다.

즉 군인의 사기 진흥, 군기 유지, 약탈 · 강간 · 방화, 포로학살 등의 범죄 예방, 성병 예방을 위해 군위안소는 필요하며, 위안소의 역할을 적극적으로 인정하고 있는 것이다.

또한 1939년경에는 육군경리학교에서 위안소를 개설하는 방법을 가르치고 있었다는 증언이 있다. 육군경리장교(陸軍主計將校)였던 시카나이〈鹿內信隆 : 전후 『산케이신문(産經新聞)』 · 후지

텔레비전 사장〉는 대담에서 1939년 4월 입학에서 9월 졸업까지의 육군경리학교 시절의 추억을 다음과 같이 말하고 있다.

> 그때(위안소가 개설될 때) 조달하는 여자의 인내도라든가 소모도, 그리고 어느 여자가 좋은가 나쁜가, 그리고 들어갔다 나올 때까지의 '기다리는 시간'이 장교는 몇 분, 하사관은 몇 분, 사병은 몇 분 … 등등의 것까지 정하지 않으면 안되었다(웃음). 요금에도 등급을 붙였다. 이런 것을 규정하고 있는 것이 「삐야 설치요강」이라는 것으로 이것도 경리학교에서 배웠다. 그 사이에도 경리학교 동료들이 모여 이런 추억들을 이야기 한 적이 있었다(櫻田武 · 鹿內信隆, 『いま明かす戰後秘史』 上卷).

공문서에서 '삐야'('삐'는 위안부를 가리키는 은어이며, '야'는 집이라는 의미)라는 용어를 사용하지는 않았을 테니까, '위안 시설 설치요강'이라든가 '특종위안 시설 설치요강'이라고 했을 테이지만, 육군경리학교에서 가르치고 있었다는 것은, 군위안소 설치는 일반적으로 생각되는 것보다 더 조직적으로 이루어지고 있었다는 것이다. 또한 시카나이 경리중위는 아시아 · 태평양전쟁 때 육군 군수품본부로부터 동경 가쓰시카(葛飾)의 국제호막공업(國際護膜工業, 콘돔을 취급하는 오카모토 주식회사의 전신)에 파견되어 콘돔 생산을 지휘하게 된다.

파견군과 육군 중앙과의 관계

여기에서 육군 중앙(육군성 · 참모본부)과 파견군과의 지휘 계통을 밝혀 두기로 하자. 각 파견군은 천황의 명령으로 출동하여 참모총장의 조언에 근거하여 천황의 명령으로 작전에 종사했다.

각 파견군에 대한 지휘권은 천황이 가지고 있었지만, 천황으로부터 권한의 일부를 위임받아 참모총장이 군령(작전) 관계를, 육군대신이 군정 관계를 담당했다.

이것을 구쇼(區處 : 일본어의 원래 의미는 구별하여 따로 처리한다는 뜻—역자주)라고 한다. 참모총장이나 육군대신에게는 지휘권은 없고 구쇼권밖에 없었던 것이다.

조선군 사령관 · 대만군 사령관도 천황에게 직접 예속되어 군령 관계에 대해서는 참모총장, 군정 관계에 대해서는 육군대신의 구쇼(지시)를 받고 있었다. 헌병에 관해서는 육군대신은 일본 국내의 헌병을 지휘하고, 조선 · 대만의 헌병의 인사 · 복무 등을 관할하였다. 조선군 사령관은 조선 헌병대 사령관을 지휘하고 대만군 사령관은 대만 헌병 대장을 지휘했다. 이 때문에 조선군 · 대만군이나 헌병이 관련되었다는 것에 대해서 그 책임은 육군대신에게 귀결되게 된다.

가령 군위안소 설치나 위안부 모집에 대해 육군 중앙의 의향이 무시된 채 일이 진행되었다 하더라도, 전혀 책임이 없다고는 말할 수 없다. 그러나 위안부 관계에 대해서는 각 파견군의 참모부(특히 후방 참모)가 담당했다고는 하지만, 필요에 따라 육군성이 바로 지시를 내려 통제하고 있었던 것이다.

실제로 위안부를 배로 실어 전지(戰地)로 보낼 때에 일본 육군이 관리하는 일본 선적의 군용선을 사용했는데, 이것은 육군 중앙의 승인 없이는 불가능한 일이었다. 선박은 국제법상 일본 본토와 동일하게 간주되는데, 선박의 수송업무는 대본영(大本營) 육군부의 병참총감(참모차장이 겸임)이 관할하고 지휘하고 있었던 것이다. 또 특별한 경우에는 위안부가 비행기로 수송된 적도 있었다(조선으로부터 육로로 중국 대륙에 보내는 경우는 조선에 있는 일본의 철도를 사용하여 만주에 들어가면 일본 자본의 남만주 철도를 사용하였고, 중국 대륙에서는 일본군이 사실상 관리하는 중국 철도를 사용하였다. 중국 등 점령지 이동에서 철도를 이용할 수 없는 경우에는 일본군 트럭을 사용하였다고 한다).

내무성 · 조선총독부 · 대만총독부

그러나 육군만으로는 원활한 운영이 불가능했다. 주로 위안부의 징집 · 이송에 관계하는 국가 기관이 협력하고 있었던 것이다.

먼저 내무성의 관계를 보면, 「중국 도항 부녀의 단속에 관한 건」이라는 제목의 통첩(1938년 2월 23일, 『資料集』 5)에 의하면, 내무성은 위안부 등의 '수치스러운 업종을 목적으로 하는 부녀'의 도항은 화북 · 화중 지방에 도항하는 경우에 한해서 이것을 '묵인'한다는 지시를 내리고 위안부 송출에 가담하고 있었다(제3장 1절 참고). 이것은 도미다(富田健治郎) 내무성 경보국장이 각

도부현(道府縣) 지사 등에게 내린 것이었다. 이때 '수치스러운 업종'이란 매춘을 말하는 것이었다.

다음으로 조선총독부 · 대만총독부에 대해서는, 제3장에서 자세히 보겠으나, 위안부 출신자들의 증언으로부터 조선 · 대만 경찰이 어떤 형태로든 위안부 징집에 관여하고 있었던 것은 거의 확실하다. 조선 · 대만으로부터 위안부가 중국에 도항하는 경우, '도항증명서' 발행은 총독부의 관할하에 있는 각 경찰서가 행하고 있었다. 여기에서 미성년자의 징집과 강제 징집이 행해졌을 경우, 그것을 알면서도 도항증명서를 발행했다면 국제법 위반이며(제5장 참고), 알지 못하고 발행했다면 직무 태만이다. 더구나 조선 · 대만의 각 경찰서는 도항증명서를 발행할 때 위안부 등 도항자의 직업 · 출신 · 경력 · 언동 · 도항 기간 · 도항 목적을 조사하고 정당한 도항 목적이 아니면 허가하지 않는 것으로 되어 있기 때문에 강제 징집 사실을 충분히 알 수 있는 입장에 있었다.

만일 위법 행위가 대규모로 일어났다면, 그 책임은 조선의 경우 조선총독에게, 대만의 경우는 대만총독에게 묻게 되는 것이다. 나아가서 대만의 경우 그것을 감독해야 할 척무대신(1942년부터는 내무대신)에게도 책임이 있는 것이 된다(조선총독의 경우는 내각의 조선총독에 대한 감독권은 명문상 규정이 아무것도 없다. 내무대신도 사무통리권밖에 없어서 총독은 천황의 지휘권하에 있었다).

덧붙여 둘 것은 군위안소 사업이 진행됨에 따라 영사관(외무성)은 군 관계 위안부의 관할권을 상실해 간다. 남경총영사관의 기록에 의하면 1938년 4월 남경총영사관에 육군 · 해군 · 외무성의 관계자가 모여 재류 일본인의 각종 영업의 허가 · 단속권에 대해 협정했다. 그 결과 육해군 전속의 주보(酒保 : 매점) · 위안소는 '육해군이 직접 경영 감독하는 것이 됨에 따라 영사관은 간섭하지 않는다'고 하고, '일반인이 이용하는 소위 주보 및 위안소'의 단속은 영사관이 행하는 것으로 되어 있었다(『資料集』 32).

위안부 징집을 둘러싼 경찰의 관여

위안부 징집 방법은 두 가지가 있었다. 첫째로는 파견군이 점령지에서 위안부로 삼을 여성을 스스로 모으는 방법이다. 둘째로는 일본 · 조선 · 대만에서의 징집이다. 첫째 방법은 제3장 후반에서 자세히 검토하는 것으로 하고 여기에서는 두 번째 방법을 보기로 한다. 여기에는 두 가지 방법이 있었다.

하나는, 전지(戰地)에 파견된 군이 스스로 선정한 담당자 또는 업자를 일본 · 조선 · 대만에 파견하여 위안부를 모으는 방법이다. 업무 통제는 북부중국방면군 · 중부중국방면군과 남부중국방면군 등 사령부가 행하는 것이 일반적이었다. 다만 그 지휘하에 있는 군 · 사단 · 여단 · 연대 등이 행하는 경우도 있었다. 예를 들면, 외무대신과 한구(漢口) 총영사의 왕복전문 「한구육군 천곡부대 위안소 부녀 중국 도항의 건」(『資料集』 12)에 의하면, 1939년 한구에 파견된 선통사 제40사단(善通寺第40師團 : 사단장 天谷直次朗 중장)이 가가와현(香川縣)에서 위안부 50명을 모집하였다. 또 광동성 흠현(欽懸)에 주둔한 대만 보병 제1연대는 1940년 8월 위안부를 데리고 광서성 남영(廣西省 南寧)에서 작전 행동중이었는데, 그 전속 위안소 업자의 아내를 대만에 파견하여 미성년인 6명의 여성을 흠현으로 연행하였다(『資料集』 16). 연행되어 온 소녀의 연령은 만 16세가 2명, 18세와 15세가 각 1명으로 최저 연령은 14세(2명)였다.

또 하나는 파견군으로부터 요청을 받고 일본에 주둔한 부대나 대만 · 조선군이 업자를 선정하여, 그 업자가 위안부를 모집하는 방법이다.

어쨌든 헌병이나 경찰이 전면에 나서는 경우는 없었다. 그러나 헌병 · 경찰은 업자를 지원하고 어떤 경우에는 업자와 연계하여 위안부를 모았다는 것은 틀림없는 사실이다. 무엇보다도 어떤 방법을 쓰든 간에 위안부를 모을 경우 업자는 군 또는 재외공관(영사관)이 발행하는 허가증, 또는 경찰의 정규 증명서를 꼭 휴대하지 않으면 안되었다는 것이다.

군위안소 설치 및 위안부 징집에 일본군은 물론 국가 진체가 관여하고 있었다는 것은 명확하다.

4. 어떠한 결과를 가져왔는가

군위안소를 설치한 이유와 결과

이미 검토한 바와 같이 군이나 장교의 기록에 의하면 점령지에서의 강간 사건 방지 및 성병 예방이 위안소의 설치 목적이었다. 그럼 그 설치 목적은 달성되었을까.

전자부터 살펴보기로 하자. 실제로 강간 사건은 없어지지 않았다. 예를 들면, 1938년 무한(武漢) 공략작전을 지휘하고 있었던 제11군의 오카무라(岡村寧次) 사령관은 위안소 설치를 고안했던 인물이었음에도 불구하고, 지휘하의 각 부대 상황에 대해 다음과 같이 말하지 않을 수 없었던 것이다.

> 현재의 각 부대는 거의 모두 위안부단을 동행하여 그것이 병참의 한 분대인 것 같은 상황이다. 제6사단과 같은 경우에는 위안부단을 동행하면서도 강간죄가 끊이지 않고 있다(前揭, 『岡村寧次大將資料』 戰場回想編).

위안소 제도 도입이 강간 방지에 별로 효과가 없었던 것이다. 위안부 제도란 특정 여성을 희생으로 삼는 성폭력 공인 시스템이며, 여성의 인권을 짓밟는 것이다. 한편으로 성폭력을 공인해 두면서, 또 한편으로 강간을 방지한다는 것은 불가능한 것으로, 강간 사건을 방지한다는 본질적 해결에 이를 수 없는 것은 오히려 당연하였다.

원래 강간 사건을 방지하기 위해서는 범죄를 일으킨 군인을 엄중하게 처벌하는 것이 필요하고, 그것이야말로 가장 먼저 행해지지 않으면 안되는 것이었다. 그러나 육군 형법 규정 자체가 강간죄에 대해 관대하였다.

전지(戰地) · 점령지에서의 강간죄는 육군 형법 제86조 제2항에 "전 항의 죄(약탈죄)를 저지르는 데 부녀를 강간하였을 때에는 무기 또는 7년 이상의 징역에 처한다"고 되어 있다. 언뜻 보면 무겁게 보인다. 그러나 이 규정은 약탈죄의 부속 조항으로, 강간 자체를 단속하는 것이 아니라 약탈을 동반하는 강간만을 문제시하는 규정이었다(과연 이것은 문제되어 1942년 2월 강간죄가 독립 항목이 된다).

더구나 단속하는 측의 운용 여하에 따라 어떠한 해석도 가능하였다. 오카무라는 1938년 8월에 일어난 다음과 같은 사실에 대해 말하고 있다. 제11군 참모장은 하타(波田) 지대(支隊)에 '약탈 강간이 적지 않고' 비행장 건설을 청부받은 촌장의 아내와 딸까지도 윤간했기 때문에 공사가 진척되지 않는다고 보고하였다. 이에 격분한 오카무라 사령관이 범인을 체포하라고 명령하자 헌병대장은 피해자가 신고하지 않기 때문에 강간죄는 성립되지 않으며 '불기소로 하는 것이 지당하다는 의견을 태연히 말하고' 군 법무부장도 같은 의견을 말했기 때문에, 오카무라는 아연 실색하였다고 한다(同上). 또 강간 사건을 일으킨 병사는 범죄가 추급당하는 것이 두려워 강간한 여성을 아예 살해하는 경우도 적지 않았다.

고쿠후타이(國府台) 육군병원 정신과 군의관 하야오(早尾雄) 중위는 1939년 군 군의부와 군법무부의 위촉에 의한 연구 성과를 상해에서 귀국한 후 「전쟁에서의 특수 현상과 그 대책」(『資料集』 47)이라는 논문으로 정리했는데(극비라는 도장이 찍혀 있다), 그중에 '성욕과 강간'이라는 항목이 있다. 당시 상황을 잘 나타내고 있다고 여겨지므로 좀 길지만 인용해 보겠다.

> 출정자에 대해 성욕을 오랫동안 억제시키면 자연히 중국 부인들을 폭행하게 될 것이라고 병참에게 주의를 주어 중국 중부에서도 조속히 위안소를 개설하였다. 그 주요한 목적은 성적 만족에 의해 장병의 기분을 부드럽게 하고 황군의 위엄을 실추하게 하는 강간을 방지하는 것에 있었다. … 그래도 지방에 따라서는 상당수의 강간 사건이 있었고 또 전선에서는 이를 다수 목격하기도 한다. … 본국에서는 도저히 용납되지 않지만 적의 여자이므로 자유라고 생각하는 자들이 상당히 있기 때문에 중국 여자들을 보면 홀린 듯이 끌려간다. 따라서 검거된 사람이 재수없는 것으로 실제로는 어느 정도일지 알 수 없다. … 뿐만 아니라 부대장은 병사를 격려하기 위해서 오히려 필요한 것이라고 하여 보고도 못 본 척 지나칠 정도이다. … 적국 부녀자의 신체까지 더럽힌다는 것은 참으로 문명인이 취할 도리가 아니라고 생각된다. 동양의

예절의 나라라고 자랑하는 국민으로서 탄식하지 않을 수 없는 일이다. … 일본의 군인은 왜 이렇게도 성욕에는 이성을 잃어버리는가, 나는 대륙 상륙과 함께 즉시 통탄하지 않을 수 없었고 전쟁생활 일년 동안 시종 통감했다. 그러나 군당국은 이것을 오히려 심각하게 생각하지 않을 뿐만 아니라, 나아가 이 방면의 훈계도 하지 않는다. … 군당국은 군인의 성욕은 억제 불가능이라 하여 중국 부인을 강간하지 않도록 위안소를 설치했다. 그러나 강간은 아직도 빈번히 일어나 중국 양민들은 일본 군인을 보면 모두 두려워한다. 장교는 솔선하여 위안소에 가고 병사들에게도 이것을 권장하여 위안소는 공용으로 정해졌다. 양심 있는 병사는 위안소 내용을 알고 군당국을 냉소하고 있을 정도이다. 그런데도 위안소에 가지 않는 병사를 정신 이상이라고 욕하는 장교도 있었다.

'병사를 격려'하기 위해서 강간을 묵인하는 부대장이 있었다든가, 군당국이 거의 방임하고 있다든가, 장교가 솔선해서 위안소를 다닌다든가 하는 통렬한 지적이다. 위안소 설치가 강간 방지에 별 효과가 없었다는 것을 잘 보여 준다.

성병 문제

그러면 성병 문제는 어떤가. 성병은 입원 · 완치 기간이 길기 때문에 군에서는 심각한 문제였다. 북부중국방면군 '간부에 대한 위생교육 순서'(1940년, 『資料集』 48)에 의하면 평균 치유 일수는 임질(淋病)이 91일, 연성하감(軟性下疳)이 58일, 매독이 76일, 서혜림프육아종(제4성병)이 1,012일이었다. 이 때문에 담당 군의관은 '성병 환자 때문에 얼마나 전력에 영향을 주는가'에 주의해야 한다고 강조하고 있었다. 또 장병이 성병을 가진 채 일본 국내로 귀환하면 국내에서의 성병 만연의 원인이 되기 때문에 커다란 사회 문제가 된다. 여기에서 북부중국방면군은 전염의 위험이 있는 자는 나을 때까지 본국으로 귀환시키지 않고 재발의 위험이 있는 자는 출신지의 행정 책임자에게 통보한다는 방침을 세우고 있었다.

일본군은 성병 만연을 방지하기 위해 민간의 매춘숙(賣春宿)을 이용하는 것을 금지하고 군관리의 위안소를 만드는 것이 적당하다고 생각하고 있었던 것이다. 성병 예방을 위한 군위안소라는 발상은 예를 들면, 이미 본 제21군의 마쓰무라 군의부장의 보고(1939년)에도 잘 나타나 있었다(42, 43쪽).

그러면 위안부 도입에 의해 성병 환자는 줄어들었을까. 1940년 2월 14일 도쿄에서 열린 군의부장 회의에서 북부중국방면군 군의부장은 다음과 같이 말하고 있다.

> 특종 치료를 해야 하는 자는 특종 치료위생 기관에 모아 수용하여 치료한다. …성병은 태원(太原), 제남(濟南), 보정(保定), 대동(大同)병원을 지정하여 집결시켜 치료를 실시한다. 국내에서의 특종 치료를 필요로 하는 자는 천진(天津)에 모아 송환한다. 6개

월 간 2,600명의 환자를 수용하다(「金原摘錄」).

여전히 환자는 많아 성병 전문병원이 필요할 정도로 심각한 상황이었다. 또 북부중국방면군 지휘 아래 있는 제19사단, 제20사단의 작전 기간 중 성병 환자는 985명에 달했는데, 이것은 장염 6,791명 · 위병 1,895명을 능가하지는 않는다 하더라도, 각기(脚氣) 1,390명 · 전염병 994명 · 말라리아 829명과 같은 정도의 환자 수이다(同上). 결코 적은 숫자는 아니다.

이 때문에 군당국은 점령지에서 민간 매춘숙 이용을 금지함과 동시에 군의관에게 정기적으로 위안부 성병 검사를 실시하게 하고 병사에게는 콘돔의 사용 등 예방책을 강구시켰다. 그러나 관리되고 있음에 틀림없는 군위안소에서도 성병 감염은 막지 못했던 것이다. 앞에서 본 '간부에 대한 위생 교육 순서'는 '화류병(성병) 예방'으로서 먼저 '화류병은 몸을 해치고 가정을 파괴하고 국가를 망친다'고 하여 다음과 같이 기술하고 있다(『資料集』 48).

화류병은 주로 성교에 의해 감염되고 예창기(藝娼妓)는 거의 전부 보균자이다. 따라서 성교시에는 다음과 같은 예방법을 확실히 실시해야 한다.

가. 음주 후 성교해서는 안된다.

나. 매독 검사 증명서(성병 진단서)를 확인하라.

다. 성교 전 여자에게 씻도록 하라.

라. 콘돔을 꼭 사용하라.

마. 성비고(예방약)를 사용하라. 성교 전 소량을 음경에 바르고 다음에 '콘돔'을 끼우고 나아가 '콘돔'표면에 소량을 바르고 남은 것을 성교 후 요도 내에 주입하라.

바. 일이 끝난 후 속히 방뇨하고 씻고 소독하라. 성교 후 5분 이내에 소독하지 않으면 소독 효과가 없다.

사. 부대에 돌아온 후 의무실에 들러 처치를 구하라.

아. 이상이 있는 자는 조기에 검진을 받고 철저히 치료를 받아라.

자. 포경이 있는 자는 화류병에 걸리기 쉬우므로 특히 소독을 엄중히 하라.

위안부는 거의 감염자라고 생각하라는 것도 무서운 일이지만, 군의관이 권장하는 이 예방법은 또 얼마나 복잡한가. 이렇게 귀찮은 예방법을 거의 아무도 지키지 않았을 것이다. 이 때문에 군위안소를 설치해도 성병 감염은 막을 수 없었다.

감염을 막기는커녕 오히려 위안소 존재가 성병을 만연시키고 있는 것이 아닌가 하는 지적도 있었다. 앞에서도 언급한 군의관 하야오 중위의 의견서 중에 다음과 같은 기술이 있다.

군이 경영하는 위안소를 많이 만들어 군인을 위한 천업부(위안부)를 제공하였다. 그리고 창부들이 성병을 군인들 사이에 만연시켰다. 그리고 마침내 이들만을 수용하는 병참병원을 만들 필요가 생겼다. … 병사들에게만 엄하게 하면서 장교 사이에 오히려 성병이 많았다. 젊은 장교뿐만 아니라 고급 장교들 사이에도 환자가 있어 군의관에게 몰래 치료를 받고 있다. 성병을 중국인으로부터 얻지 않도록 위안소를 설치하여 일본 국내, 조선인을 창기로 사용하였는데 아이러니하게도 그 여자들이 성병을 퍼뜨렸다(『資料集』 47).

끌려온 위안부들이 감염 원인가 아닌가는 여러 가지 논의가 있을 것이다. 매춘 경험이 없는 경우 오히려 이 여자들이야말로 피해자이며 병을 옮겨 받았다고 생각하는 것이 마땅할 것이다. 실제로 성병 예방에는 감염자 격리 · 치료와 매달 신체검사를 통해 장병의 '국소적 정밀 신체검사'가 필요했었는데(麻生, 前揭書), 위안부의 성병 검사는 정기적으로 행해졌어도 장병의 성병 검사는 그리 엄밀히 행해지지 않았다. 성병 환자라고 판명되면 불명예로 여기기 때문에 대부분은 그것을 감추려고 하였다. 따라서 장병이 성병의 감염원이 되는 경우가 많았다. 그러나 중요한 것은 군위안소 존재가 성병 만연의 원인이 되었다는 지적이다. 성병 방지에 대해서 군위안소는 큰 효과가 없었을 뿐만 아니라 군위안소를 매개로 하여 신규 환자가 발생하고 있었다. 또 고급 장교들 중에도 성병 환자가 있어 비밀리에 치료를 받고 있었다는 지적은 준엄하다. 일본군의 퇴폐를 읽을 수 있다.

그 후 아시아 · 태평양전쟁기의 상황을 보면, 육군의 전지(戰

地)에서의 성병 신규 감염자는 1942년에 1만 1,983명, 1943년에 1만 2,557명, 1944년에 1만 2,587명이었다(陸上自衛隊厚生學校 編, 『大東亞戰爭陸軍衛生史』 第1卷). 군이 파악한 한도 내에서도 성병 감염자 수는 증가하고 있었던 것이다.

'위안'의 제공

위안소 설치 목적에는 강간 방지, 성병 방지에 그치지 않는 다른 요소가 포함되어 있었다. 장병에게 '위안' 제공 및 스파이 방지였다. 먼저 전자부터 살펴보자.

일본이 개시한 전쟁은 대의명분이 없는 침략 전쟁이었고 또 승리의 전망이 없는 무모한 전쟁이었다. 이와 같은 전쟁에 휴가 제도도 불충분한 채로 장기간 전장에 장병을 묶어 놓기 위해서 성적 위안이 필요하다고 일본군은 생각했던 것이다.

예를 들면, 북부중국방면군은 열악한 환경 속에서 병사의 사상이 '악화'되는 것을 방지하기 위해서는 '위생 시설을 가능한 한 좋게 해 주는 것이 필요', '군인의 위안 시설을 가능한 한 좋게 해 줄 것'이라고 지시하고 있었다(「共産黨の我軍隊に對する思想的瓦解工作の眞想と之が防遏方策」, 1939年). 말할 필요도 없이 이 위안 · 위생 시설 중에는 군위안소가 포함되어 있다. 독립산포병 제3연대는 1939년 11월 14일자 위안소 규정 제2항에서 단적으로 다음과 같이 호소하고 있었다.

특종 위안소 개설 취지는 장병의 살벌한 기풍을 온화하게 조절하고 이로써 군기 진작에 일조하는 데 있다. 따라서 이것이 장려 또는 선전으로 타락하는 행위를 엄밀히 단속할 필요가 있다(「森川部隊特種慰安業務に關する規定」).

성적 위안 제공에 의해 '장병의 살벌한 기풍을 완화'시키려 하고 있었던 것이다. 여기에서는 성교의 기회 제공 그 자체가 목적으로 되어 있었다. 주민이 거의 없기 때문에 강간 사건도 성병 감염도 있을 수 없는 최전선에서도 군위안소가 필요했던 것은 그것이 '위안' 그 자체를 위해 필요하다고 여겨졌던 것을 잘 말해 주고 있다.

성적 위안 시설을 제외하고 일본군은 위안이라고 부를 만한 것을 거의 제공하지 않았다. 군의관들은 종종 건전한 위안 · 오락 시설이 필요하다고 제언하고 있었다. 예를 들면 군의관 마후(麻生徹男) 소위는 1939년 군위안소와는 별개의 위안 시설이나 음악 · 영화 · 도서 · 스포츠 등의 오락 시설의 설치를 제안하였다(麻生, 前揭書). 그러나 이것은 거의 실현되지 않았다. 생활 편리 시설은 극히 빈약했던 것이다. 더구나 휴가도 거의 없었다. 서양의 군대는 제1차 세계대전의 경험에서 일정 기간 휴가를 주고 있었지만, 일본군은 일부를 제외하고는 육해군 전부가 전시에는 휴가를 주지 않았다. 더구나 병영 내에서 병사의 인권은 완전히 무시된 채 상관의 엄격한 감시와 사적인 제재가 일상적으로 행해지고 있었다.

이러한 열악한 환경 속에서 진흙탕 전장에 구속되어 언제 귀환할 수 있을지 알 수 없는 상황에 처해 있었던 하사관이나 고참병들의 불만이 쌓이는 것은 당연한 것이었다. 군대가 급속히 팽창하는 가운데 그들을 통솔할 능력이 없는 장교도 적지 않았다. 미야자키(宮崎周一) 제11군 참모는 군위안소 제도가 확대되어 간 배경으로서 '젊은 장교나 소집 장교의 통솔력이 빈약하고 자기보다 나이가 많은 장병에 대한 위엄이 서지 않은 것도 무시할 수 없다'고 말하고 있다(前揭, 『岡村寧次大將資料』 戰場回想編). 장병의 전투 의욕을 유지하기 위해서 또 그 불만이 폭발하지 않도록 하기 위해서 일본군이 군위안소를 증대시키고 있었다는 사실은 무시할 수 없는 일이다.

장병들이 군위안소 안에서 일시적인 위안과 해방감을 구하는 배경에는 이상과 같은 사실이 있었다. 아시아 · 태평양전쟁기 때의 일이지만, 버마(현재 미얀마)에 출정했던 어느 군의관은 자유가 허락되지 않았던 군대에서는 군위안소는 '유일한 낙천지'였다고 말하고 있다(龜尾進, 『魔のシッタン河』). 어느 병사는 중국에서의 위안소 체험을 적나라하게 다음과 같이 회상하고 있다.

> 전지(戰地)에서 우리들이 흔희작약(欣喜雀躍) 가랑이를 부여잡고 여성들에게 뛰어간 것은 뭐니뭐니해도 긴 작전에서 돌아온 직후의 외출이었을 것입니다. 그녀들이 있는 방에 도착하

> 면 줄을 서서 순번을 기다리던 병사들은 생사의 경계를 넘어온 이상할 정도의 긴장감으로부터 해방되고 싶다는 일심으로 바지 단추를 끄르고 쥐색이 된 훈도시를 보이면서 아직도 내 차례가 아닌가 초초하게 기다리고 있는 것이었습니다. …절정에 달하여 그렇게 충실감에 찬 순간은 또 달리는 없었다고 생각됩니다(衣第3040部隊記念事業實行委員會編, 『黃土』).

이렇게 해서 전장에서의 긴장감이나 억압되었던 감정을 위안소에서 발산하고 순간의 충실감을 얻는다는 비극적 정경(情景)이 각지에서 출현하였던 것이다.

스파이 방지

마지막으로 군의 기밀 유지 · 스파이 방지라는 측면이 있었다는 것에 대해 언급해 보자.

장병이 점령지에 있는 민간 매춘숙에 다니면 그 지방 매춘부를 통해서 장병으로부터 군사상의 기밀이 새나갈 위험이 커진다. 따라서 스스로 위안소를 만들어 그것을 항시 감독 · 통제하는 것이 상책이라고 일본군은 생각했다. 예를 들면 1942년에 싱가포르에 있던 제25군 사령부는 군회보에서 군위안소 설치 이유로서 '풍기의 엄정과 방첩 및 악성 질병 예방'을 들고, 같은 해 7월 4일 이후 민간 매춘숙을 장병이 이용하는 것을 금지한다는 명령을 내리고 있다(『資料集』 79). 군위안소 설치 목적이 강간 방지 ·

성병 예방과 함께 '방첩'에 있었다는 것을 명시하고 있는 예이다.

군위안소에는 헌병이나 순찰 장교 등이 정기적으로 들려 장병과 위안부와의 관계나 경영 내용을 점검하였다. 스파이 방지를 위해서는, 위안부는 '일본인(일본인 · 조선인 · 대만인)'인 것이 바람직했던 것이었다. 다만 수가 부족했고 일본이나 조선 · 대만으로부터 여성들을 수송해 오기에는 시간과 인력이 들기 때문에 손쉽게 점령지 여성도 징집하였다. 여기에서 군위안소의 감독 · 통제가 더욱더 불가결하게 되었던 것 같다.

군위안소 설치 목적이었던 강간 방지 · 성병 방지는 무엇 하나 해결되지 않은 채 군위안소는 계속해서 증대되었고 위안부의 수도 증대해 갔다. 그리고 아시아 · 태평양전쟁에 돌입함과 동시에 새로운 확대가 시도되었던 것이다.

제Ⅱ장

동남아시아 · 태평양 지역으로의 확대
—아시아 · 태평양전쟁기

버마(미얀마) 보호하의 위안부들(1944년 8월).
미국립공문서관 소장.

1. 남방 지역의 상황

개전 직전의 계획

1941년 12월 일본은 미국 · 영국 · 네덜란드 등에 대해 전쟁을 일으켜 동남아시아 · 태평양의 광대한 지역을 점령하였다(아시아 · 태평양전쟁의 개시). 그리고 1942년 초부터 일본군이 점령했던 이들 지역에 군위안소가 차례로 설치되어 갔다.

이것은 전쟁 개시 전부터 검토되고 있었던 계획적인 일이었다. 그것을 나타내는 중요한 기록이 있다. 육군성 의무국의 중견간부 가네하라(金原節三) 의사과장(醫事課長 : 1941년 11월 8일까지는 의사과원)이 육군성 내에서 행한 각종 회보(회합)의 모습을 자세히 기록한 「육군성업무일지적록」(「金原摘錄」)이다.

예를 들면 개전 직전 네덜란드령 동인도(인도네시아)를 시찰했던 군의관은 다음과 같이 보고하였다(「金原摘錄」 1941년 7월 16일).

현지 주민들이 우리에게 신뢰감을 느끼도록 애정과 성실성을 가지고 행동에 유의할 필요가 있다. 다수가 회교도로 일부다처의 경향이 있지만 정조감도 강하다. 만에 하나라도 강간 등을 행하여 일본군의 군기에 불신을 갖지 않도록 엄중히 주의할 필요가 있다. 한편 원주민은 생활난으로 매춘하는 사람도 많다. 그러나 성병도 많기 때문에 촌장에게 할당하여 엄중한 검진하에 위안소를 만들 필요가 있다(「深田軍醫少佐蘭印衛生狀況視察報告」).

아마 군의관 후카다(深田益男) 소좌는 1940년 9월부터 1941년 6월에 걸쳐 바타비아(현재의 자카르타)에서 열린 제2차 일본 · 네덜란드회담에 참가한 것이리라.

그리고 네덜란드령 동인도를 점령하기 위해 필요한 위생상의 시찰을 비밀리에 행한 것이었다. 그 결론의 하나가 일본 군인에 의한 강간 사건이나 성병 만연을 방지하기 위해 그 지방의 여성들을 모아 엄중한 성병 검사를 행한 후 군위안소를 만든다는 제언이었다. 더구나 '촌장에게 할당하여' 설치하려는 계획이었던 것이다.

이것이 매춘부가 아닌 여성의 강제 징집으로 연결되어 가는 것은 명백한 사실이었다.

개전과 강간 사건의 발생

실제로 일본군이 동남아시아 · 태평양 지역으로 침공해 들어가자 점령지 각지에서 강간 사건이 발생하였다. 1942년 2월 12일 육군성 과장들의 회합(과장회보라고 함)에서 법무국은 다음과 같이 보고하고 있다.

> 도미(富)집단에서 적 앞에서 도망 112건, 강간 3건, 약탈 3건의 사례가 있다. … 필리핀에서도 상당한 강간(14명)이 있었고 하사관 부인 치상 사례도 있다.

도미집단이란 말레이시아 침공작전을 담당했던 제25군을 가리키는 것으로, 필리핀에 침공한 것은 제14군이다. 실제로 육군 중앙에까지 범죄가 보고된 것은 극히 일부에 불과하다. 따라서 침공 초기부터 말레이시아나 필리핀에서 강간과 약탈 사건이 상당수 일어나고 있었다는 것은 틀림없는 사실일 것이다. 그리고 5월 2일 육군성 국장들의 회합(국장회보)에서 오야마(大山文雄) 법무국장과 다나카(田中隆吉) 병무국장은 다음과 같은 이야기를 주고받았다.

> (법무국장) 25A(제25군)의 독립속사포 제1연대(대대를 잘못 착각)의 현역 대위가 콸라룸푸르에서 말레이시아인 처녀를 강간, 시계 5~6개를 약탈하고 더욱이 조홀의 제3왕녀를속여 사진기를 사취하고 강간, 약탈, 사취의 범죄를 저질렀다.
>
> (병무국장) 25A는 콸라룸푸르에 오기까지 여러 가지로 말이 많았

는데 이 사건을 계기로 금후 면목을 새롭게 해야 한다.
(법무국장) 필리핀에서도 강간이 많았지만, 엄중한 단속을 행한 결과 범죄가 격감했다.
(병무국장) 필리핀은 다른 지역에 비해 비교적 많았다. 그러나 만주사변에 비하면 적은 편이라고 말할 수 있다.

제25군은 콸라룸푸르에 오기까지는 "여러 가지로 말이 많았다"고 하는 것을 보면, 이미 말레이반도 상륙 이후 상당히 많은 강간 사건을 일으켰음을 알 수 있다.

또 필리핀에 침공한 제14군은 '다른 지역에 비해' 강간 사건이 많았다고 한다. 이 필리핀 전선에서의 강간도 중일전쟁 때에 비해 적었다고 하니 경악하지 않을 수 없다. 중국 전선과 필리핀 전선에서 얼마나 많은 성 범죄가 일어났는가를 육군 중앙은 잘 알고 있었던 것이다. 다만 여기에서 엄중한 단속의 결과 '면목을 새롭게 하고' '범죄가 격감'했다고 하나 과연 그랬을까. 문제가 해결되기는커녕 더욱 심각해지고 있었다는 것을 이 업무일지가 보여 주고 있다. 5월 9일 국장회보에서 오야마 법무국장은 다음과 같이 보고하고 있다.

> 남방군의 범죄 건수 237건. 대체로 만주사변에 비해 적음. 14A(제14군)에는 강간이 많다. 여자가 일본인 취향이라서 그렇다.

"여자가 일본인 취향이라서 그렇다"는 것은 얼마나 어처구니

없는 발언인가. 오오야마 법무부장은 나아가 27일 국장회보에서 남방군의 약탈 · 강간은 개전 이래 76건으로, 범죄가 많은 것은 제14군 · 제15군(태국 · 버마) · 제16군(인도네시아) · 남방군 직할 순서였다고 보고하고 있다. 또 6월 3일 보고에서는 말레이시아에서 중국계 여성에 대한 폭행이 5월 중에 8건 있었다고 기술하고있다. 그리고 8월 12일 국장회보에서 다음과 같이 보고한다.

> 남방의 범죄 610건. 강간죄 많다. 중국에서 이동해 온 부대에서 많이 발생. 위안설비 불충분, 감시 감독 불충분에서 기인하는 것. 구금소에는 어디나 200명 정도 수용되어 있는데, 어디서나 3~4명의 법무관이 처리하고 있다.

강간 사건이 여전히 많이 발생하고 있는 것을 지적하지 않을 수 없었던 것이었다. 그중에서도 중국에서 이동해 온 부대에서 사건이 많다는 지적은 주목할 필요가 있다. 중국에서 같은 사건을 일으켜 왔기 때문이라고 생각된다.

남방군에 의한 위안소 설치

동남아시아 각지에서 육군 부대를 지휘하고 있었던 것은 남방군〈총사령관 데라우치(寺內壽一) 대장〉이다. 남방군 사령부는 지휘하의 각 육군 부대에 위안부 배치를 계획하고 실시하였다. 이 사실이 확인되는 것은 먼저 1942년 3월 12일자 대만군(사령

관 : 安藤利吉 중장, 참모장 : 樋口敬七郎 소장)의 전보이다.

> 전보 제602호
>
> 육군 기밀전보 제63에 대해 '보르네오'행 위안 원주민 50명, 가능한 한 파견 바라는 남방총군의 요구에 의해, 육군 기밀전보 제23호에 의거하여 헌병이 조사 선정한 경영자 3명 도항 인가를 얻고자 신청함(『資料集』 19).

남방군으로부터 대만인 위안부 50명을 보르네오(칼리만탄)섬에 파견해 달라는 요청을 받았으므로 헌병이 선정한 업자 3명에 대해 도항을 허가해 달라는 내용이다. 수신자는 육군대신이다. 이 신청은 16일자로 육군성 부관으로부터 허가가 내려 실행되었다. 업자는 50명의 위안부를 데리고 도항하였다. 또 대만군은 6월 13일 '현지 도착 후의 실황, 인원 부족으로 일을 견디지 못하는 자가 생기기 때문에'라는 이유를 들어 '위안부 20명 증파' 허가를 구하는 전보를 발하고 있다(『資料集』 20). 이것은 모두 '비(秘)'로 기록되어 있으며 암호전보였다.

다음에 버마에서 보호한 20명의 조선인 위안부와 2명의 업자 부부로부터의 심문을 정리한 연합군 동아시아 번역심문센터의 「심리전심문보고」 제2호(1944년 11월)에 의하면, 1942년 7월 10일 703명의 조선인 위안부와 90명의 업자 · 가족 등을 태운 선단이 조선으로부터 싱가포르를 향해 출항하고 있다(『資料集』 100). 이들 위안부는 조선군 사령부의 '시사(示唆)'를 받은 업자가 모은 것인데, 그 배후에는 남방군으로부터 조선군에 대한 요청이 있었다고 생각된다. 이 배는 대만에 들려 대만인 여성 22명을 태웠다고 한다.

나아가 같은 해 7월 남경에서 군위안소를 경영하고 있었던 계부로부터 의뢰받은 가쓰키(香月久治), 상해에서 군위안소 경영자 모집에 응모했던 이노우에(井上菊夫) 등은 각각 위안부를 모아 상해에서 '아토라스마루'라는 배를 타고 싱가포르를 향해 출항하였다. 싱가포르에 도착한 후 군의 명령으로 각지에 분배되었다. 중국 내에서 12명의 조선인 여성을 모았던 이노우에는 상해에 집합한 업자에게, 담당 대령이 "남방파견군 총사령부의 요청에 의해 중국파견군 총사령부가 이것을 알선했다"고 말한 것을 기억하고 있다(熊本放送報道特集『漂泊の果てに』, 1992年 3月 16日 放送 ; 西野留美子, 『従軍慰安婦と15年戰爭』). 이와 같이 남방군의 요구로 모은 것이 분명하다.

육군성이 도항을 관할하다

제I장에서 서술한 바와 같이 1938년 이후 영사관(외무성)이 군 관계의 위안부에 대해 관할권을 상실하고 있었다. 아시아 · 태평양전쟁 개시 이후에는 위안부나 업자가 동남아시아 · 태평양 지역에 도항하는 경우, 그 관할권도 군에 귀속하게 되었다. 외무성의 관여 없이 군의 증명서만으로 도항하게 된 것이었다. 도고(東

鄕茂德) 외부대신은 1942년 1월 대만총독부 외사부장의 조회에 대해서 다음과 같이 지시하고 있다(「南洋方面占領地に對し慰安婦渡航方の件」, 『資料集』 18).

> 이런 종류의 도항자에 대해서 여권을 발급하는 것은 흥미없는 일이므로 군의 증명서가 있으면 군용선으로 도항할 수 있도록 하라.

실은 이 전문 중 '여권을 발급하는 것은 재미없는 일이므로'와 '군용선으로'라는 문구는 군을 자극한다고 판단되었던지, 삭제하는 선을 그었다(따라서 '이런 종류의 도항자에 대해서는 군의 증명서가 있으면 도항할 수 있도록 하라'로 되어 있다). 삭제된 문자에서 군에 의한 위안부 송출에 관여하고 싶지 않다는 외무성의 불쾌감을 느낄 수 있다. 외무성으로서는 1920년대에 싱가포르의 매춘부 추방 정책에 협력하여 일본인의 '가라유키상'(해외에서의 매춘부 사업에 종사하는 여성을 지칭하는 속어—역자주)을 폐업 · 귀국시키고, 신규 도항은 일절 인정하지 않는 조치를 취하고 있었다. 외무성이 위안부 송출은 모두 군의 책임으로 행해져야 한다고 생각한 것은 이러한 경위를 고려하면 당연한 것이었다.

이에 대해 육군성은 아시아 · 태평양전쟁이 시작되고 나서 동남아시아 · 태평양 지역으로의 위안부의 도항 일체를 중앙에서 통제하려고 하였다. 1942년 11월 18일자 육군차관이 남방군총참모장 · 제23군참모장에게 보낸 전보에서는, '군 주보요원 및 위안부'의 도항 수속은 같은 해 4월 23일 내려진 육아밀(陸亞密) 제1283호라는 문서의 제1항 '토'호에 의해 처리하도록 한 것을 확인할 수 있다(陸亞密 第1398号). 육아밀 제1283호란 도조(東條英機) 육군대신이 결재한 「육군 관계자 남방점령지(홍콩 포함) 진출 수속에 관한 건」(부관통첩)을 말하는 것이다. 이 '진출 수속' 제1항은 일본 · 만주 · 중국에서 '남방'에 도항하는 '육군 군속과 요원 기타 군관계 일본인'에 대해서 군이 '선정 및 신분증명서의 교부'를 행하는 것을 규정한 것으로, '토'호란 요원 구분 중 '기타의 사람'에 대한 규정이었다. 이것에 해당되는 사람은 '육군성에서 선정하는 자로 한다'고 되어 있고, 신분증명서는 '육군성(남방정무부관장)이 발행한다'고 규정되어 있다. 군의 신분증명서를 갖지 않은 자는 도항시키지 않는다는 것이므로 육군성의 허가 없이는 위안부가 동남아시아 · 태평양 지역에 가는 것은 불가능하게 되었다.

앞에서 검토한 대만군에 의한 보르네오행 위안부 징집에서 대만군 사령부가 업자와 위안부 도항 허가를 육군대신〈도조(東條英機) 수상이 겸임〉에게 신청하여 육군성 부관이 허가 지시를 내린 것은, 육군 중앙이 도항을 관리했다는 실태를 잘 말해 주고 있는 실례인 것이다.

성병 예방과 육군성

육군성은 성병 예방 측면에서도 군위안소 관리를 엄하게 해 나간다. 1942년 6월 18일 육군성 부관통첩 「대동아전쟁 관계 장병의 성병 처리에 관한 건」(『資料集』 29)은 육군성이 새삼 모든 부대에 성병 만연 방지를 지시하고 관련된 모든 출동 부대에 군위안소의 위생 관리를 철저히 지시하는 문서이다. 이것은 의무국 위생과가 입안한 것인데, 성병 관리면에서 군위안소의 필요성을 적극적으로 인정하고 있다. 전쟁이 새로운 국면에 접어든 이 시점에서 육군 중앙이 성병 예방이라는 점에서 위안소의 필요성을 재확인한 것이다. 결재한 것은 기무라(木村兵太郎) 육군 차관이었다. 이 문서도 「의명통첩(依命通牒)」이었다.

실제로 당초부터 육군 중앙을 골치 아프게 한 성병의 확산은 여전히 심각했다.

군의관 야스다(安田常男) 중좌는 1942년 12월 22일의 의무국 회보에서 남방군의 성병 환자는 2,774명에 이르고 있다고 하여 다음과 같이 말하고 있다.

> 장래 점차 증가할 전망이다. 이때 근본 대책을 세울 필요가 있고 착착 그 준비를 진행하고 있다. 군위안소를 확장시킬 때이다. 간부의 자숙 절제가 이루어지지 않고 있다. 예방 도구와 예방약이 모두 부족하다. …환자의 치료는 적당히 이루어질 위험이 있으니 철저히 행할 필요가 있다. 이 때문에 성병 특종 병원을 만들

어 중점적으로 치료함과 동시에 군대에 있는 환자를 위해 외래 치료를 실시하고, 그 적절한 치료 지도를 행한다(「金原摘錄」).

남방군에서는 성병 환자가 계속 증가하여 이 점에서도 군위안소를 확장하려 하고 있었다. 그러나 간부의 '자숙 · 절제'가 행해지지 않고 예방기구 · 예방약이 모두 부족하다고 말하고 있는 것이다. 병사의 강간 방지 · 성병 예방을 명목으로 군간부가 성적 욕구를 만족시키고 있었던 모습을 읽을 수 있다.

또 1943년 4월 11일에 열린 의무국 국내회보(局內會報)에서는 신임의 가미하야시(神林浩) 의무국장이 '남방에 5,000명의 성병 환자가 있는 실정을 고려하여 지급 처치 지시를 내릴 필요가 있다'(同上)고 하여 성병 예방의 구체안을 검토할 것을 지시하고 있었다.

육군 중앙에 의한 군위안소 설치

그런데 계속하여 강간 사건이 그치지 않는 상황에 대해 육군 중앙은 위안소 이외의 방책을 전혀 강구하지 않고 있었던 것만은 아니었다. 예를 들면, 1942년 7월 30일 과장회보에서 니시우라(西浦進) 군사과장은 다음과 같이 말하고 있다(「金原摘錄」).

소집 횟수 2~3회에 이르게 된 이 상황에서 특별휴가를 실시하여 설령 구우일모(九牛一毛)에 불과하더라도 조금이라도 이것을 완화하려고 한다. 결혼 알선에 대해서도 마찬가지다. 가족 동반도 급속히 실시하고 싶다.

언제 끝날지 모르는 전쟁에 장기간 동원되어 인생 설계의 전망을 상실하고 허무적인 기분이 되어 있는 소집 횟수 2~3회째인 군인에게 문제가 많다. 따라서 극소수라도 휴가 제도를 도입하여 불만을 완화시키려 하고 있었던 것이다. 10월 31일 국장회보에서 도조(東條) 총리대신 겸 육군대신은 '전지에 있는 군인의 귀향휴가는 국가적으로도 인구 문제가 있으므로 연구하여 실시할 필요가 있다'고 말해 이 방침을 지지하고 있다. 이렇게 해서 군인의 불만을 진정시킴과 동시에 장래 병사가 될 어린이를 낳게 하기 위해서 고참 병사를 중심으로 '어린이 만들기'를 겸한 휴가가 일부 실시되었다. 그러나 전반적인 휴가 제도와는 거리가 먼 것이었다.

결국 육군 중앙은 군위안소 설치를 더욱 적극적으로 확대하는 것으로 문제 해결을 꾀하려 하였던 것이다. 9월 3일 육군성 과장회보에서 구라모토(倉本敬次郎) 은상과장(恩賞課長)은 '장교 이하 위안 시설을 다음과 같이 만들고 싶다'고 하여 그 결과를 보고하고 있다. 그것에 의하면 설치된 군위안소는 화북 100, 화중140, 화남 40, 남방 100, 남해 10, 사할린 10, 합계 400개였다. 강간 사건의 다발을 막기 위해서 마침내 아시아 · 태평양전쟁기에는 육군 중앙이 스스로 군위안소 설치에 나선 것이다.

왜 군위안소 설치를 은상과(恩賞課)가 나섰을까. 원래 은상과는 군의 위안 오락 시설을 담당하고 있었는데, 1942년 3월에 육군성 관제가 일부 개정되어 은상과는 군인의 '후생에 관한 사항' 일반을 담당하는 것으로 명기되었기 때문이었다.

또 육군성 경리국 건축과와 육군군수품 본부는 공동으로 해외파견군에게 콘돔을 진중(陣中)용품으로 보내고 있었다. 하야시(林博史)의 연구에 의하면, 1942년중에 보낸 수는 밝혀진 것만도 3,210만 개나 된다(林博史, 「陸軍の慰安所管理の一側面」). 육군에는 정비 기준이 있었는데, 그것은 1개 사단(25,000명 기준) 1개월에 5만 개, 병사 1인당 월 2개였던 것 같다.

어쨌든 1942년 이후 육군성은 종래 파견군에게 맡기고 있었던 군위안소 설치를 스스로 다루기 시작하였던 것이다. 그러나 이와 같은 방책이 결코 군기 · 풍기 문란을 잡는 데 유용하지 못했다는 것은 분명하다. 1943년 2월 4일 육군성 과장회보에서는 범죄 처형 인원은 1941년도 3,300명, 1942년도(11월까지) 4,332명으로 증가하고 있고 특히 '강간, 도망 등이 증가'하고 있다고 법무국은 보고하지 않을 수 없었던 것이다.

해군의 경우

해군에서는 위안부를 '특요원(特要員)'이라고 부르고 있었다. 해군에서는 해군성〈당시 해군대신은 시마타(嶋田繁太郎) 해군대장〉이 동남아시아 · 태평양 지역에 대한 위안부의 배치와 운영 방침을 결정하고 있었다.

해군성 군무국장 오카(岡敬純) 소장과 병비국장 호시나마(保科善四郎) 소장이 1942년 5월 30일 연명으로 「제2차 특요원 진출에 관한 건 조회」라는 제목의 문서를 내놓고 있다(重村實, 「特要員と言う名の部隊」). 이에 의하면 해군성은 제2차분으로서 셀레베스(스라웨시)섬의 마카살에 45명, 보르네오(칼리만탄)섬의 발리크파판에 40명, 말레이반도의 페낭섬에 50명, 자바섬의 스라바야에 30명의 '특요원'을 보낸다고 남서 방면 함대참모장인 나카무라(中村俊久) 소장에게 통달하고 있다(안봉과 싱가포르는 미정, 그 외에 요정 '기지원(基地員)' 30명).

전후 수상이 된 나카소네(中曾根康弘)도 이 시기 회계장교(중위)로서 군위안소 설영(設營)에 관계하고 있었다. 그는 1941년 12월 필리핀 다바오, 다음해 1월 보르네오섬의 발리크파판으로 옮겼지만, 그 사이 제2설영반(設營班)의 회계장으로서 스스로 군위안소를 개설한 것을 회상기 「23세에 3,000명의 총지휘관」에서 다음과 같이 기록하고 있다.

> 3,000명으로 구성된 대부대다. 마침내 원주민 여자를 습격하는 자나 도박에 빠진 자도 나왔다. 그런 사람들 때문에 나는 고심해서 위안소를 차려 준 적도 있었다. 그들은 마치 양동이 안에서 북적거리는 고구마들 같았다(松浦敬記編, 『終りなき海軍』).

설영반이라는 것은 비행장 등을 만드는 부대로 많은 군속을 거느리고 있다. 다바오에서는 군위안소를 만들 여유는 없었기 때문에 이것은 발리크파판에서의 일이었다고 생각된다.

해군은 위안부를 배로 전지로 보낼 때 군함이나 해군이 관리하는 군용선을 사용하고 있다. 그 지휘 · 통제는 해군성 또는 각 진수부(鎭守府)나 각 함대가 담당하였다.

해군사정관 「셀레베스 민정부 제2복원반원 복원에 관한 건 보고」(1946년6월 『資料集』 83)에 의하면, 패전 · 복원 시점에서 셀레베스섬 남부에는 현지에서 징집되어 있었던 인도네시아인 위안부가 281명이나 있었고 그중 해군 관계는 250명이었다. 해군장교가 징집하여 경영했던 해군 직영의 군위안소는 세 군데였다. 또 이 자료로부터 해군 민정부장관이 설치를 허가하여 정무부를 통해 감독하고, 실제의 징집과 고용 계약 체결은 민정부 촉탁(군속)이 행한 군위안소가 23군데였다는 것을 알 수 있다. 직영 위안소는 켄다리 해군부대가 직영하는 것으로 위안부의 식료 · 의복 · 침구 · 식기 · 수도료나 사용인의 급료 등 일체를 부대가 부담하였다. 민정부 감독의 위안소에서는 이것들을 민정부가 부담하였다.

즉 해군은 육군 이상으로 중앙 통제가 강하였고 위안소도 직할적인 성격이었던 것을 알 수 있다. 적어도 셀레베스섬의 경우 직영이었거나 또는 사실상의 직영이었다.

2. 군위안소의 배치와 위안부 수

군위안소의 형태

지금까지 번잡함을 막기 위해 군위안소의 여러 형태에 대해 언급하지 않았지만, 여기에서 정리해 보자. 군위안소는 경영 형태에서 보면, 세 가지 유형이 있었다. 첫째는 군직영의 군인 · 군속 전용 위안소, 두 번째는 형식상 민간 업자가 경영하지만, 군이 관리 · 통제하는 군인 · 군속 전용의 위안소, 세 번째는 군이 지정한 위안소로 일반인도 이용하지만 군이 특별한 편의를 요구하는 위안소이다.

예를 들면, 말레이시아 군정감부(軍政監部)는 '위안 시설'(위안소 외에 음식 시설도 포함)로서 다음과 같이 구별하고 있는데, 이것은 두 번째와 세 번째 유형에 해당한다.

> 가. 군 전용 : 일반인의 출입, 이용을 허가하지 않는 것.
>
> 나. 군 이용 : 일반인의 출입, 이용을 허가하여도 군인 군속에 대해 특별히 편의를 제공하는 것(「慰安施設及旅館營業取締規程」 1943年 11月).

물론 이 세 가지는 커다란 분류로 실제로는 직영 위안소에서 민간 매춘숙에 가까운 것까지 여러 가지 형태가 있었다는 것은 말할 것도 없다. 본래 군위안소는 첫째, 둘째 유형이었다. 세 번째는 군위안소와 민간 매춘숙의 중간 형태였다. 그리고 중일전쟁기에는 군전속 위안부 · 군위안소는 영사관 경찰도 어느 정도 파악하고 있었지만, 아시아 · 태평양전쟁 때에는 군만이 이를 파악하게 되어, 군관리의 성격이 한층 강화되었던 것이다.

다음으로 설치된 장소에 의한 차이도 중요하다. 하나는 대도시 등에 있어서 주둔 부대만이 아니라 여러 통과 부대가 이용하는 군위안소이다. 약 30채가 즐비한 한구(漢口 積慶里)의 군위안소 거리는 그 대표적인 것이었다. 또 하나는 특정 부대에 전속된 위안소이다. 부대 전속 위안소는 그 부대의 분둔중대(分屯中隊)에 파견되든지 또는 부대와 함께 행동을 하는 것도 있었다. 예를 들면, 중일전쟁 때 화중(華中)에 있었던 보병 제8연대 부관의 회상에 의하면, 이 연대 본부가 있었던 마을에는 10명의 조선인 위안부가 있었는데, 제1선의 분둔중대의 요구로 위안부를 트럭에 태워 호위 1개반을 붙여 종종 순회시켰다고 한다(長嶺秀雄, 『隨筆 戰場』).

세 번째는 이용자에 따라서도 성격은 차이가 있었다. 장교 전용 위안소 또는 요정은 통상적으로 장교클럽이라고 불리며 거기에 있는 것은 거의 일본인 위안부였다(일본인 위안부가 부족할 경우는 조선인 · 대만인이나 점령지 여성이 보충되었다). 예를 들면, 버마의 랭군이나 메이묘에는 구루메(久留米)로부터 온 취향원(翠香園)이라는 장교클럽이 있었는데, 거기의 여성들은 일본인뿐이었다. 하사관 · 사병용 위안소에도 일본인이 없었던 것은 아니었지만, 많은 경우 조선인 · 대만인 · 중국인과 동남아시아 · 태평양 지역의 주민이 위안부로 삼았다.

또 동남아시아 · 태평양 지역에서는 상사원(商社員) 등 군을 위해 활동하는 재류 일본인의 군위안소 이용이 인정되는 경우가 있었으며, 일본군을 위한 보조 병력으로서 동원된 그 지방 출신 보충병을 위한 위안소가 생긴 경우도 있었다. 예를 들면, 만달레이에서는 당분간 심야 0시 30분 이후라는 조건부로 상사원 등 재류 일본인의 이용이 허가되었으며, 버마인 위안부가 있는 4군데의 '군준지정위안소'중 신면관(新緬館)이라는 이름의 위안소는 미얀마인 병사 전용으로 되어 있었다.

또 만달레이에는 군위안소가 9군데 있었는데, 일본인 위안부가 있는 해내옥(海乃屋)이 장교 위안소였고 조선인 위안소 3군데 · 중국인 위안소 1군데 · 버마인 위안소 3군데가 하사관 · 병사용(단 밤 9시 이후는 장교용) 위안소였다(マンダレー駐屯地司令部「駐屯地慰安所規定」 1943년 5월 26일).

위안소 수와 위안부 수

다시 한 번 군위안소의 전체상을 정리해 보자.

현재 일본 · 미국 · 네덜란드의 공문서에 의해서 군위안소의 존재가 확인된 지역은 다음과 같다. 중국, 홍콩, 마카오, 프랑스령 인도차이나, 필리핀, 말레이시아, 싱가포르, 영국령 보르네오, 네덜란드령 동인도, 버마, 태국, 태평양 지역의 동부 뉴기니

지구, 일본의 오키나와 군도, 오가사와라(小笠原) 군도, 홋카이도(北海道), 지시마(千島)열도, 사할린.

단 이상이 전부는 아닐 것이라는 점은 확실하다. 예를 들면, 일본의 전직 군인의 회상록에 의하면, 당시 일본의 위임 통치령이었던 태평양의 트럭섬 · 코롤섬 · 사이판섬이나 미국령의 괌, 인도령의 니코바군도에도 군위안소가 설치되었다고 한다(日本の戰爭責任資料センター『國立國會圖書館所藏の戰爭體驗記 · 部隊史調査について』). 확인되는 한도 내에서 보면, 북으로는 지시마열도 북단의 점수도(占守島)나 중국 동북의 손오(孫吾) 등에서부터 남으로는 인도네시아의 숨바섬까지, 동으로는 트럭섬이나 뉴브리튼섬 라바울까지 서쪽으로는 버마의 아캬브(시트웨)까지 위안소가 있었다.

전쟁을 위해 군대가 파견된 장소에는 최전선을 제외하고 어디에나 군위안소가 설치되어 있었다고 보아야 할 것이다. 그리고 대량으로 병사가 증원된 지역에서는 많은 군위안소를 만들었다. 본토 결전을 대비하여 대량의 병사가 배치되었던 규슈(九州)나 지바(千葉)현에도 설치되어 있었다. 즉 현재 가장 조사가 활발하게 진척되고 있는 오키나와의 경우, 1994년 2월 현재 126개(가능성이 있는 것까지 합하면 131개)가 지적되고 있다(賀數かつ子, 「沖繩縣の慰安所マップ作成をとおして」).

위안부 총수는 8만(千田夏光, 『從軍慰安婦』)이라고도 하고, 조선인만으로 '추정해 17만~20만'(金一勉, 『天皇の軍隊と朝鮮人慰

安婦』)이라고도 한다. 후자는 숫자는 너무 많다고 생각되지만, 실제 수는 정말로 몇 명인지는 확실하지 않다. 일본군은 전쟁 범죄 추급(追及)을 두려워하여 패전 직후 중요한 자료를 소각했으며, 현재 남아 있는 것이라도 일본 정부는 상당량의 자료를 공개하지 않기 때문이다.

하타(秦郁彦)는 다음과 같이 추정하여 계산한다. 아시아 · 태평양전쟁기에 군위안소가 설치되어 있었던 해외 지역의 장병 수를 평균 300만으로 하고 장병 50명에 1명꼴로 위안부가 있었다고 보고, 또 위안부가 전혀 교체되지 않았다고 하면 6만 명, 1.5로 교체되었다고 하면 9만 명이라고 한다(『昭和史の謎を追う』 下巻).

해외에 있었던 장병 수는 1942년에 232만 명, 1945년 8월에 351만 명이었기 때문에 군위안소가 없었던 지역이나 일본 국내에서의 군위안소의 존재를 고려하면, 300만 명이라는 해외 장병 수는 타당하리라 본다. 장병 수 50명에 1명꼴이라는 숫자에 대해서는 제1장에서 언급한 바와 같이, 관동군은 관특연(關係特殊演習의 약칭 : 시베리아 간섭전쟁) 때 장병 80여 만에 대해 2만 명의 위안부를 모으려고 했다고 한다. 그것이 사실이라고 한다면, 약 40명에 1명꼴이다. 그러나 1939년 제21군에서는 100명에 1명꼴로 계산하고 있었다. 총수를 추정할 수 있는 확실한 자료가 나오고 있지 않은 현재 이러한 추계는 하나의 방법일 것이다.

그러나 문제는 교대율을 어떻게 생각하는가이다. 완전히 교대가 없었다고 하는 것은 비현실적이다. 사망, 자살, 도망, 병, 전화(戰火)에 휘말린 사상(死傷), 계약기간 만료에 의한 귀국 등 교대는 상당히 심했으리라고 추정된다. 한국인 위안부 출신의 증언집에 의하면, 19명 중 도망이 1명, 병에 의해 석방된 사람이 1명, 군속의 도움으로 귀국한 사람이 1명, 귀국선을 탄 사람이 1명 등 모두 5명이 일본 항복 전에 귀국하였다(韓國挺身隊問題對策協議會 · 挺身隊硏究會編, 『證言』). 현지에서 사망하거나 위안부를 그만두어도 귀국하지 못했던 경우를 포함하면 교대율은 한층 더 높아진다. 재단법인 대북시 부녀구원사업회 복지기금회의의 조사에 의하면, 위안부였다는 것이 확인된 48명의 경우, 일본의 항복시까지 군위안소에 있었던 사람은 16명에 불과하며 전황(戰況) 악화에 따라 귀국한 7명을 더하더라도 반을 넘지 않는다(同會編, 『臺灣地區慰安婦訪問調査個別分析報告書』, 이하 『臺灣報告書』라고 약칭). 상당한 유동이 있었다고 보아야 한다.

이와 같은 상황에서 만일 1.5의 교대라고 해도 가장 적은 수준이 되는 100명당 1명이라는 비율로 최소한의 수를 계산해 보면 4만 5,000명이 된다. 다만 100명당 1명이라는 비율은 1939년 단계로 제21군이 파악하고 있던 위안부이며, 지휘하의 소부대가 스스로 조달했던 위안부는 포함되어 있지 않다. 이로부터 하한선은 약 5만 명이라고 추정할 수 있을 것이다.

상한선으로 약 30명당 1명이라는 기준으로 계산해 보자. 당시 '니구이치'라는 용어가 업자들 사이에서 통용되고 있었는데, 이

것은 병사 29명에 위안부 1명이 적당한 비율이라는 의미에서 나온 것이었다. 실제로 일본은 중국인 강제 연행 때 노무자용으로 위안부를 붙여 주는 것을 검토하였는데, 석탄통제회 동부지부장 「고역사역(苦力使役)에 관한 건」(1942년 10월 21일)에 의하면, 흥아원(興亞院 : 중국점령지 통치업무를 총괄하는 중앙 기관)의 희망으로서 '1,000명에 20～30명', 석탄통제회 노무부 「고역사역에 관한 건」(10월 24일)에서는 기획원 · 흥아원 등 관계 관청의 지시로서 '고역 1,000명당 40～50명'이라는 숫자가 기술되어 있는 것이다(長澤秀編, 『戰時下朝鮮人中國人聯合軍浮虜强制連行資料集』 第3卷). 이것들은 모두 탁상에서의 계획이지만, 도야마(富山)현의 후쿠키(伏木) 항만회사에서는 1943년 여름, 중국인 노동자 223명에 대해 9명의 위안부 배치가 계획되어, 실제로 5명의 위안부와 1명의 접대부가 도입되었다(荻野富士夫, 「富山縣における '勞務慰安婦'について」). 중국인 노무자용 위안부가 도입된 곳은 후쿠키회사뿐으로 이후 중지되었는데, 어쨌든 거의 30명 전후(20명～50명)에 1명의 위안부가 필요하다고 상정하고 있는 것이다. 그렇다면 2.0으로 교대했다고 할 때 약 20만 명이 된다.

그러나 이와 같은 상한 · 하한의 추계(推計)는 그 나름대로의 의미는 있다 하더라도 사태의 본질을 파악하는 데 얼마나 유효한가는 다시 한 번 생각해 볼 필요가 있을 것이다. 왜냐하면 점령지에서는 군에 의한 납치나 일정 기간 구금 유간한 사례, 그리

고 단기간의 징집이 많았기 때문이다. 보상을 요구하며 도쿄지방 재판소에 소송을 제기하고 있는 필리핀인 위안부 46명의 기소장에 의하면, 그 대부분이 그러하였다. 그 기간은 수일 간에서 1개월 정도가 18명, 2개월에서 6개월 정도가 15명, 8개월에서 1년 수개월이 10명으로, 가장 긴 것은 2년이었다(「フィリピン'從軍慰安婦'補償請求事件訴狀」第1次 · 第2次, 이하 「訴狀」이라 약칭).

중국 · 동남아시아 · 태평양의 점령지 주민의 경우, 이와 같은 피해자가 대단히 많았을 것인데, 일본군은 이동할 때마다 각지에서 새롭게 위안부로 삼을 여성을 구했기 때문에 비교적 짧은 기간 내에 새로운 위안부를 구했다. 이와 같은 피해자를 위안부 수에 합산하면 점령지 여성의 교대율은 몇 배가 될 것이다.

민족별 비율은 어떠했는가

공문서에 의해 확인되는 한에서는 일본인 · 조선인 · 대만인 · 중국인 · 필리핀인 · 인도네시아인 · 베트남인, 버마인 · 네덜란드인이 위안부로서 징집되었다. 오스트레일리아인 간호부가 위안부가 되도록 강요된 사례도 오스트레일리아 공문서에 의해 명백히 밝혀졌다(『資料集』105). 그러나 전직 군인의 회상록에 의하면 인도인이나 싱가포르 · 말레이시아의 화교도 위안부로 삼은 것을 알 수 있으므로, 이 외에도 일본군이 점령한 각 지역에서 그 지방 여성들을 위안부로 삼았다고 생각된다.

위안부의 민족별 비율은 어떠했을까. 직접적으로 그것을 나타내는 자료는 없다. 다소라도 그 경향을 읽을 수 있는 것이 성병 관계 통계이다.

대본영 육군부연구반「중국사변 때 군기 · 풍기의 견지에서 관찰한 성병에 대해서」라는 문서는 1940년까지 성병에 걸린 중국 출정 육군은 1만 4,755명이라고 하고, 성병 감염의 '상대 여자'로서 다음과 같이 숫자를 들고 있다(일본 · 조선에서의 감염과 '국적 불명 공사창녀', '미상'을 제외하고 필자가 계산한 것). 즉 '조선 여자' 4,381명(51.8%), '중국 여자' 3,050명(36.0%), '일본 여자' 1,031명(12.2%)이다.

'상대 여자'를 전부 위안부였다고 할 수는 없지만, 대다수가 위안부였다고 보아도 좋을 것이다. 그러나 적어도 매춘부 출신이 아닌 위안부는 원래는 군인으로부터 성병을 옮겨 받은 것이었다. 똑바로 보기에는 민망한 숫자이지만, 대본영 육군부연구반은 '조선 여자의 활약은 압도적으로, 장래 전쟁에서도 참고해야 할 것이다'라고 말하고 있다. 이에 의하면 위안부로 가장 많은 사람은 조선인이고 다음으로 중국인이 커다란 비율을 차지하고 있었다.

그러나 다음과 같은 통계도 있다. 남경에 있었던 돈하(敦賀) 제15사단 군의부의「위생업무요보(要報)」(『資料集』 60)에 의하면, 1943년 2월에 군의부가 검진한 위안부 수는 1회 평균 다음과 같았다.

	일본인	조선인	중국인	평균1일현재인원
남경(南京)	237명	13명	139명	389명
무호(蕪湖)	32	26	40	98
진강(鎭江)	3	0	6	39
금단(金壇)	0	5	6	11
소현(巢縣)	0	4	30	34
표수(漂水)	0	0	10	10
계	272	48	261	581

남경에서는 일본인 위안부가 집중되어 있었는데, 그것을 제외하면 중국인 122명 · 조선인 35명 · 일본인 35명으로 중국인의 비중이 압도적으로 많다. 또 일본인 위안부는 커다란 도시 중심에 있고 조선인 위안부는 일본인 위안부가 없는 금단 · 소현에도 연행되어 있었다. 중국인 위안부밖에 없는 표수와 같은 마을도 있었다. 이렇게 보면 중국인 위안부의 수는 추정되고 있는 이상으로 많을지도 모른다.

동남아시아 · 태평양 지역에는 수송이 곤란했다는 점도 있어서 그 지방 출신 위안부 비율이 한층 더 높을 것으로 생각된다. 1943년 1월 7일의 과장회보에서 구라모토(倉本) 은상과장은 육군성이 만든 군위안소에 대해서 '위안 시설을 많이 만들었는데, 본국에서 수입한 사람은 평판이 나쁘다. 현지에서 양성한 사람이 평판이 좋다'(『金原摘錄』)고 말하고 있다. 일본 본국에서 보낸 직업적 예창기의 평판이 나쁘고 점령지에서 징집한 매춘부가 아닌 여성이 군인에게 인기가 있었다는 이야기일까. 이 말에서도 현지 지방 여성을 위안부로 삼은 경향은 강했음을 알 수 있다.

지금까지 검토한 바에 의하면 위안소 제도의 운영 주체는 군이었음이 명백하다. 말 그대로 군의 관리하에 설치 · 운영되고 있었던 것이다.

그럼 이 군위안소에서 일하고 있었던 위안부들은 어떻게 모아져, 어떠한 상황하에서 성적 봉사를 강요받았던 것일까. 다음 장에서는 그녀들의 증언과 군인들의 회상을 중심으로 검토해 보기로 하자.

제Ⅲ장

여성들은 어떻게 징집되었는가

— 위안부들의 증언과 군인의 회상

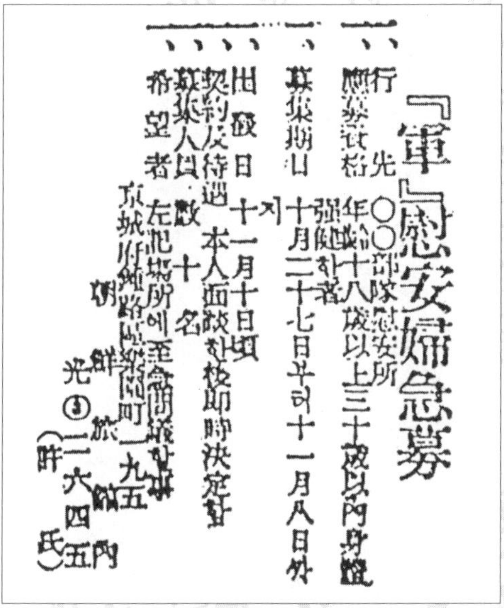

「軍」慰安婦急募
一、行先 ○○部隊慰安所
一、應募資格 年齡十八歲以上三十歲以內身體強健한者
一、募集期日 十月二十七日부터十一月八日까지
一、出發日 十一月十日頃
一、契約及待遇 本人面談한後即時決定함
一、募集人員 數十名
一、希望者 左記場所에至急問議함
京城府鍾路區樓閣町一九五 朝鮮旅館內 (電話光化門②二六四五) 許氏

조선의 신문에 게재된 위안부 모집공고
(『每日新聞』 1944년 10월 27일).

1. 일본에서의 경우

증언의 의의

이 장에서는 위안부 징집 실태를 명백히 밝히려 한다. 어떠한 여성들이 위안부가 되고 어디에서 연행되었을까. 지금까지 살펴본 바와 같이 군 · 정부 자료에서도 어느 정도 추측할 수 있지만, 그러나 실제로 어떤 일이 행해졌는가를 알기에는 한계가 있다. 무엇보다 정해진 기준조차 지켜지지 않는 것을 군 · 정부 스스로가 거듭하여 주의를 주는 상황이었던 것이다.

이 장에서는 가능한 한 자료와 조회를 병행하면서 주로 위안부 출신자들의 증언을 중심으로 구성하려 한다. 그 대부분은 최근에 행한 청취 조사이다. 물론 50년이나 지난 일에 대한 회상이기 때문에 기억이 잘못된 것도 없을 수는 없다.

실제로 한국인이나 필리핀인 위안부 대부분은 충분한 학교 교육을 받을 기회가 없었던 탓도 있어서인지, 증언 내용이 모순되거나 연대 등이 애매한 경우도 있었다. 한국정신대문제대책협의회와 정신대연구회는 여성들로부터 거듭 청취 조사를 행하여 확실하다고 생각되는 19명의 증언(제1차)을 정리했는데, 조사에 참가한 서울대학교의 안병직은 그 고투를 다음과 같이 말하고 있다.

> 조사를 검토하는 데 대단히 어려웠던 점은 증언자의 진술이 때때로 논리적으로 모순되는 것이었다. 이미 50년 전의 일이기 때문에 기억이 잘못된 것도 있을 것이고, 증언하고 싶지 않은 부분을 생략하거나 적당히 얼버무리거나 뒤섞인 경우도 있으며, 또 그 시대 상황이 우리들의 상상을 넘어서기 때문에 일어나는 것이라고도 생각된다(『證言』まえがき).

이 같은 곤혹스러움은 필자도 종종 체험하는 것이다. 그러나 그 증언은 기억착오나 사실을 은폐하는 경우를 제외하면 대단히 중요하다. 문자의 세계에 살지 않았기 때문에 도리어 강렬한 체험은 때때로 생생한 기억이 되고, 반복하여 들음으로써 당사자가 아니면 말할 수 없는 사실 관계가 떠오르게 되기 때문이다. 군이나 정부의 문서 · 기록과 통계에서는 결코 나올 수 없는 생생한 현실은 그녀들의 증언을 통해서만 알 수 있는 것이다. 여기에서는 여러 증언에서 신뢰성이 높다고 판단되는 증언을 검토하면서 징집의 실태를 재현해 보자.

일본인 위안부의 경우

일본 국내에서 위안부를 보내려고 하면, 21세 이상으로 더구나 매춘부 중에서 모을 수밖에 없었다. 경찰이 그렇게 제한하고 있었기 때문이다. 앞에서 언급했던 1938년 2월 23일의 외무성 경보국장의 통첩 「중국도항부녀의 취급에 관한 건」(『資料集』 5)에는 다음과 같이 규정되어 있었다.

> '추업'〈醜業 : 추잡하고 천한 일이라는 의미로 매음(매춘) 같은 행위를 말한다—역자주〉을 목적으로 하는 부녀의 도항은 현재 국내에서 창기 그 외 사실상 '추업'을 하는 만 21세 이상, 또한 화류병 그 외 전염성 질환이 없는 자로, 북중국, 중부중국 방면을 향하는 자에 한해 당분간 이것을 묵인하는 것으로 하고 … 외부차관 통첩에 의해 신분증명서를 발급할 것.

이것은 제V장에서 자세히 논하겠지만, 미성년자의 매춘을 금지한 국제조약에 일본도 가맹하고 있어서 그것을 의식하지 않으면 안되었기 때문이었다. 따라서 일본인 위안부 대다수는 유곽 등에서 모았다. 몇 가지 예를 들어 보자.

후쿠오카(福岡)의 유곽에서 가불금을 다 갚은 뒤에도 창기〈娼妓 : 공인된 매춘부라는 의미로 공창(公娼)과 같은 의미이다—역자주〉를 계속하고 있었던 게이코(慶子, 가명)라는 여성은 업자로부터 전도금 1,000원을 받아 1938년 초에 상해로 건너가 군위안소에 들어갔다(千田夏光, 『從軍慰安婦 · 慶子』). 이 업자는 상해의 병참사령부로부터 위안부 모집을 명령받은 어용상인이었다고 한다.

남양군도의 사이판이나 팔라우에서 창부로 있었던 다카나시 다카는 1939년에 귀국하여 친구의 부탁을 받고 오사카에서 요정을 하고 있었다. 이미 가불금은 없었고 그 일에 싫증을 내고 있었던 그녀는 요코하마의 중개자의 의뢰로 '뭔가 돈 잘 버는 사업이 있으면 큰 돈을 벌자'고 생각하여, 5~6명의 위안부 책임 자격으로 중국에 가 남경의 장교용 위안소에 들어갔다고 한다(玉井紀子, 『日の丸を腰に巻いて』). 이미 36세였기 때문에 여급 겸 위안부로서 일한 것 같다. 그녀의 경우 위안부와 마담 중간 정도의 위치에 있었기 때문에 일반 위안부와는 다소 달랐던 모양이다.

도쿄의 니시고야마(西小山)에서 기생으로 있던 기쿠마루(菊丸, 가명)라는 여성은 1942년 트럭 제도(諸島)에 있는 해군사관용 위안소에 갔다. 4,000엔 가까운 요정의 가불금을 군이 대신 내준다고 하여 '지원'했다고 한다(廣田和子, 『證言記錄 從軍慰安婦 · 看護婦』). 군위안소는 해군 직영이었다. 위안부는 '특수간호부'로 불렸고 군속 취급이었다. 계약은 1년 반으로 일한 돈은 4할이 자기 몫이고 6할은 해군의 몫이었으며, 죽으면 야스쿠니신사(靖國神社)에 모셔 준다고 들었다고 한다. 젊은 여성의 애국심을 이용한 동원이었다고 말할 수 있겠다. 당시 그녀는 만 18세였다.

연령 규정의 무시

기쿠마루라는 여성이 18세였다는 것에서도 분명해지는 바와 같이 경찰의 도항 허가 기준은 엄밀히 지켜진 것이 아니었다. 중국 산해관(山海關)의 부영사 사사키(佐佐木高義)는 1938년 5월 12일 외무대신에게 다음과 같이 보고하면서 취해야 할 조치를 문의하고 있다(「支那渡航婦女の取扱に關する件」, 『資料集』 8).

> (내무성 경보국장 통첩에 의하면) '추업'(醜業)을 목적으로 하는 부녀의 중국도항은 만 21세 이상이라고 되어 있는데, …(북경에 가기 위해 산해관을 통과한 요리점 주인이) 데리고 있는 창기 4명 중 다음 3명(이름은 생략)은 모두 21세 미만으로, 주인이 영업적 측면에서 생각해 보건대 모두 '추업'을 목적으로 한 도항이 극명함에도 불구하고, 아사히가와(旭川) 경찰서장이 발급한 신분증명서를 가지고 있기 때문에 어쩔 수 없이 통과시켰다. 이 외에도 이와 유사한 경우가 2~3건 있었다. …본 건의 사정을 한 번 조사한 다음 회답을 주시기 바란다.

매춘을 목적으로 하는 창기 4명이 요리점을 경영하는 여성 업자에게 끌려 산해관을 통과하여 북경으로 향했다. 그중 3명은 미성년자임에도 불구하고 아사히가와 경찰서장이 발행한 도항 증명서를 갖고 있었다. 이 외에도 유사한 예가 2~3건 있는데, 이런 경우 어떻게 해야 하는가 하는 문의였다. 이때 아사히가와에서 끌려온 소녀의 연령은 만 15세, 16세, 17세였다. 경찰 재량으로 미성년자라도 묵인되는 경우가 적지 않았던 것을 알 수 있다.

일본에 살고 있었던 조선인 여성의 경우 특히 이 기준이 지켜지지 않았다. 게이코(慶子)를 권유한 어용 상인이 규슈(九州)를 돌며 모은 여성은 일본인 7명, 조선인 11명이었다. 일본인이 모두 창기였던 것에 비해 조선인은 속아서 끌려온 소녀들이었다고 한다(千田, 前揭書). 제18사단의 병사가 버마 메이묘의 광명장(光明莊)이라는 군위안소에서 만난 마리코라는 일본명을 가진 조선인 위안부로부터 들은 이야기에 의하면, 그녀는 시모노세키(下關)에 살고 있을 때 '쓰시마(對馬)의 육군병원에서 잡역부를 모집하고 있는데 가지 않을래'라는 이야기를 듣고, 소개한 사람이 조선인 조산원으로 신용할 수 있었기 때문에 응모했더니, 약 100명의 여성과 함께 해남도(海南島)의 군위안소로 보내졌다고 한다(山口彦三, 『落日の賦』).

오사카제마(大阪製麻)라는 군수 회사의 경리 타자수였던 이소자키는 1944년 8월 군속으로서 자바 지점에 가기 위해 하다하쓰마루(瑞穗丸)호에 탔다.

그러나 미국 잠수함의 공격을 받아 타고 있던 배가 침몰했다. 구조된 여자 군속 약 70명은 루손섬에 도착했다. 그러나 그녀들은 현지 부대로부터 귀찮은 존재로 취급받으며 10월경 약 30명이 잔류하고 있었는데, 부대 부관의 명령을 받은 당번 병사가

'위안부가 된다면 보호해 주겠다. 다른 여자들과도 상담해 보라고 부관이 말하는데 어떤가. 의식주가 보장되고 그렇게 된다면 트럭으로 데려다 준다'고 말했다고 한다(『生ある限りルソンへ』). 그녀는 즉각 거부했지만 매춘부가 아닌 일본인도 위안부가 될 것을 요구받은 경우가 있었던 것이다.

2. 조선의 경우

속은 경우

조선에서 징집할 경우 가장 많은 것은 속아서 끌려간 경우였다. 대표적인 사례를 보자. 이전 재일 한국인 위안부로 일본의 사죄를 요구하며 소송을 제기하고 있는 송신도(宋神道)의 증언에 의하면, 그녀는 1938년 말경 점령된 지 얼마 안된 무창(武昌)의 군위안소에 끌려가 군인 상대를 강요받았다. 연행된 전말은 다음과 같았다(川田文子, 『皇軍慰安所の女たち』 다음은 이 책에 의거한다).

그녀는 16세 때 어머니가 정한 남자와 결혼했지만 너무 싫고 참을 수가 없어서 화장실에 간다고 하여 도망을 쳤다고 한다. 대전에서 수개월 아이를 봐주는 일을 하고 있었는데, 아름다운 조선인 여성으로부터 '전지(戰地)에 가서 나라를 위해 일하지 않겠는가'라고 꼬임을 받았다. 위안부 모집 주선인이었다. 어떤 일인가에 대한 설명은 없었다. 평양에 끌려가 거기에서 조선인 남자에게 팔렸다. 육로로 중국에 들어가 천진(天津)에서 한구(漢口)를 거쳐 무창(武昌)에 들어갔다고 한다. 사기에 의한 권유 · 유인의 전형적인 사례였으며 더구나 미성년자였다.

같은 경우는 『증언』 중에도 많이 있다. 조선에서의 징집은 19명의 증언자 중 17명인데 그중 12명이 이에 해당된다. 이영숙(李英淑)은 양친이 사망했기 때문에 다른 집에서 일을 거들며 살고 있었다. 모두에게 바보 취급을 당하며 여기저기서 어른이나 아이들이 때려도 꾹 참으며 '분하고 분해서 울면서' 살고 있었다고 한다. 그때에 조선인 부부가 찾아와 일본에서 일하면 어떻겠는가라고 해서 응모했다. 그리고 같은 처지의 소녀들과 함께 이 조선인 부부에게 인도되어 부산에 갔다. 거기에서 일본인에게 인도되어 배를 타고 시모노세키(下關) · 대만을 거쳐 광주(廣州)로 연행되어 갔다. 1939년 12월의 일로 당시 17세였다.

아시아 · 태평양 전쟁이 시작되고 나서는 어떻게 되었을까. 문필기(文必琪)의 양친은 식료품 가게를 가지고 있었고 전답도 있었기 때문에 제법 괜찮은 생활을 하고 있었던 것 같다. 그녀는 9살 때 보통학교에 들어갔다. 그러나 아버지는 '여자가 공부하면 여우가 된다'고 하여 그녀를 학교에 안 보내고 교과서를 전부 불태워 버렸기 때문에 학교를 그만둘 수밖에 없었다. 그 후 가사일 · 논밭일 · 목화따기 · 실짜기나 가게 돕기 등 많은 일을 하지 않으면 안되었다. 유교적 도덕하에서 이싱 차별을 당하고 있었던 것이다. 또 일본이 조선인에게는 의무교육 제도를 보장하지 않았던 것도 커다란 이유였다. 그녀는 공부를 더 하고 싶었기 때문에 조선인 남자로부터 '공부도 할 수 있고 돈도 벌 수 있는 곳에 가게 해 주겠다'는 말을 듣고 승낙했다는 것이다. 1943년의 일인데 만 18세였다고 한다.

마을을 나올 때 트럭을 탔는데, 그 트럭은 마을의 인적이 없는 곳에 서 있었고 트럭 옆에 마을 파출소에 근무하는 일본인 순사가 서 있었다는 기억은 중요하다.

업자가 위안부를 모을 수 있도록 경찰이 비밀리에 지원하고 있었던 것은 아닐까 생각된다. 그리고 부산으로 끌려가 기차로 중국 동북으로 들어가 거기에서 군위안소로 보내졌다고 한다.

이러한 증언에서 분명해지는 바와 같이 거의 대부분의 소녀들은 집이 가난하기 때문에 괴롭고 희망 없는 생활을 하지 않으면 안되었다. 또 그녀들은 일본의 식민지 지배하에서, 또한 여성차별 속에서 충분한 학교 교육을 받을 수 없었다. 1930년의 조선국세 조사에 의하면 조선인 남성의 식자율은 36%이고 여성은 불과 8%였다(姜在彦, 『日本による朝鮮支配の40年』). 이러한 상황 속에서 좋은 일이 있다거나 공장에서 일하지 않겠는가라는 주선업자의 달콤한 말에 속아서 연행된 것이었다. 이용수(李容洙)는 일본인 남자가 '빨간 원피스와 구두'를 보여 주자 마침내 갈 결심을 했다고 하는데, 이러한 불우한 소녀들의 애절한 심정에 업자들은 파고들었던 것이다. 도중에서 이상하다고 생각되어도 도

망갈 방법도 없고 고향에 돌아가도 좋은 일은 없다고 체념하며 앞으로의 일이 그렇게 지독한 것도 아닐 것이라고 스스로를 위로하면서 어떻게든 앞날에 희망을 가지려고 하다가 결국 군위안소에서의 괴로운 현실에 직면했던 것이다.

몸팔이를 강요당하며

몸팔이의 가장 전형적인 예는 기타무라(北村 또는 喜多村)라는 위안 업자 부부가 버마에서 미군 포로가 되었을 때 진술한 내용에 잘 나타나 있다. 이것은 미국전시정보국 심리작전반 「일본인포로심문보고」 제49호와 동남아시아번역심문센터 「심리전심문보고」 제2호라는 영문 자료이다(『資料集』 99, 100).

이 일본인 부부는 1942년 미혼의 조선인 여성 22명을 사서, 부모에게는 성격 · 용모 · 연령에 따라 300엔에서 1,000엔(전자에 의하면 200~300엔)까지를 지불하였다. 그중 2명은 포로가 되기 전에 폭격 등으로 사망한 상태였다. 포로가 된 20명이 연행되었을 때의 연령은 17세에서 29세까지였는데, 21세 미만이 12명이나 있었다. 또한 일의 내용은 성적 봉사라고는 이야기하지 않았던 모양이다. 최초로 이 포로를 심문했던 미군 알렉스 중사는 보고에서 다음과 같이 말하고 있다.

> 이 '역무(役務)'의 성격은 명시되어 있지 않지만, 이것은 병원에 있는 부상병을 병문안하고 붕대를 갈아 주며 그리고 일반적으

로 말하면 장병을 즐겁게 해 주는 것과 관계되는 일이라고 생각된다. 이들 주선 업자들이 사용한 속임수는 많은 액수의 금전과 가족의 부채를 갚아 준다는 것, 그리고 편안한 일과 신천지(싱가포르)에서의 새로운 생활이라는 장래성이었다(『資料集』 99).

팔려서 위안부가 된 여성에게서도 많은 경우 가불금에 의한 경제적 구속과 사기가 있었던 것을 알 수 있다.

『증언』에는 이같은 인신 매매의 경우가 한 건만 수록되어 있다. 박순애(朴順愛, 가명)는 자작농의 셋째 딸로 태어나 보통학교 2학년까지 다녔을 뿐이었다. 16세에 결혼했지만 너무나 가난하여 살아갈 수가 없어 도망쳤다. 18세에 재혼한 상대는 재산도 있고 집안도 훌륭했지만 종종 폭력을 휘둘렀다. 태어난 아이가 세 살 되었을 때 아이를 빼앗고 그녀를 '소개소'에 팔아 넘겼다고 한다. 1941년 말의 일이었다. 서울의 소개소로 옮겨졌을 때에는 이미 빌린 돈이 눈덩이처럼 불어나 있었다. 빨리 자유의 몸이 되어 아이와 함께 살고 싶다고 생각하고 있을 때 '야전병원에서 군인의 옷을 빨고 그들이 부상당하면 치료해 주면 된다'는 이야기와 또 3년 일하면 빌린 돈도 갚을 수 있고 돈도 모을 수 있다는 말을 듣고 응하였다. 부산에서 배로 시모노세키로 가 거기에서 라바울로 끌려갔다. 그녀의 경우 연행시 23세였지만, 인신 매매와 사기가 복합되어 있었다는 점에서 동일하다.

폭력적 연행의 경우

폭력적 연행의 경우 조선에서의 연행에 한정하면 다음과 같은 증언이 있다. 문옥주(文玉珠)는 1924년에 태어났다. 아버지를 일찍 여의고 어머니가 바느질과 행상으로 겨우 생활해 나가는 상태였다. 가끔 외가로부터 식량을 빌려 오지 않으면 안되었다. 때때로 일본인이 경영하는 슬리퍼 공장에서 일했지만, 언제나 일이 있는 것이 아니어서 그럴 때는 집에서 소일하였다. 또 하루코라는 일본명을 쓰는 조선인 친구 집에 잘 놀러 갔었다. 그 집은 화장터로 시체를 태우는 일을 하고 있었으며, 시체를 태우기 전에는 제사를 지냈기 때문에 언제나 제사음식을 얻어먹었다. 그녀는 매일 굶주린 상태였던 것이다. 1940년 가을에 연행되었는데, 그때 상황을 다음과 같이 말하고 있다. 만 16세 때였다.

> 어느 날 나는 하루코 집에 놀러 갔었는데, 해가 지려 하자 하루코 집을 나와 집으로 향했습니다. 얼마 안 가서 군복을 입은 일본인이 나에게 가까이 다가왔습니다. 그는 갑자기 나의 팔을 잡고 일본어로 무언가 말했습니다. 그때는 순사라는 말만 들어도 무서운 시대였기 때문에 나는 아무 말도 못하고 그에게 붙들린 채로 끌려갔습니다. …끌려 간 곳은 헌병대가 아닌가 생각됩니다.

그녀는 중국 동북의 위안소로 보내졌다. 납치한 일본인은 군인인지, 순사인지, 카키색 국민복을 입은 민간인인지 난성할 수 없다. 그러나 해질 무렵이었다는 점, 일행이 없었다는 점, 민간인 같은 인물에게 넘겨진 점 등으로 보아 민간인에 의한 유괴일 가능성이 크지 않을까. 물론 경찰이 이러한 범행을 놓치든지 또는 봐 주었을 가능성은, 군으로부터 위안부 송출에 관한 강력한 요구가 있었기 때문에 충분히 있을 수 있는 일이었을 것이다.

조선총독부 · 조선군의 관여

일본 국내에서조차 위안부를 모을 때에는 헌병 · 경찰과 충분히 연대를 하도록 육군성이 지시하고 있었기 때문에, 조선이나 대만에서는 업자와 헌병 · 경찰과의 연대는 더 더욱 강했으리라고 생각된다. 특히 1941년 관특연(關特演) 이후 더욱 강해졌을 것이다. 이미 본 바와 같이 관특연에서 관동군은 2만 명의 조선인 위안부를 모으고자 하여 조선총독부에 의뢰하였고 8,000명의 위안부를 모아 중국 동북 지방으로 보냈다고 한다. 그렇다면 단기간의 징집이기 때문에 총독부의 전적인 협력이 없으면 불가능하다. 노동자의 강제 연행의 경우에는 '모집', '관 알선', '징용'의 세 가지 방법 및 단계가 있었지만, 위안부의 징집은 행정과 경찰이 전면에 나선 '관 알선'에 가까운 것이 아닐까 생각된다.

1942년 이후는 어떻게 되었을까. 대만의 예가 보여 주는 바와 같이 남방군은 육군성을 통하여 조선군(조선에 주둔하는 일본군을 말한다)에게도 위안부 징집을 당연히 의뢰했을 것이다. 그 증거의 하나가 앞에서 본 「심리전 심문보고(心理戰尋問報告)」 제2

號(『資料集』 100)에 수록되어 있는 기타무라 부부의 증언이다.

이 업자가 22명의 위안부를 모으기 위해 지불한 금액은 1인당 300엔에서 1,000엔이라고 하니 평균 500원이라고 하면 총액 1만 1,000엔이라는 거액이었다. 그러나 이 업자는 서울에서 경영하고 있었던 요리점이 부진하였기 때문에 경영을 처형에게 맡기고 버마로 갈 결심을 한 상황이었다. 도대체 이런 거액의 자금을 어디서 마련했을까. 자력으로 준비할 수 있었다고는 생각되지 않는다. 군위안소 경영은 조선군 사령부의 알선이었다고 말하고 있기 때문에 군으로부터 상당한 기밀비가 지불되었을지도 모른다. 더구나 출발시 조선군 사령부는 "운송, 식료의 지급, 의료 등 그가 필요로 할지 모를 모든 것을 원조하도록" 요청하는, 육군 각 부대 수신의 서한을 그에게 주었다고 한다(『資料集』 100). 조선군은 이 업자에 대해 전면적인 지원을 보내고 있었던 것이었다.

전쟁 말기의 상황

1943년 이래 전쟁에 동원되는 조선인의 수는 급증하였다. 내무성 자료에 의하면 1943년도 노무동원 수는 총독부 알선만으로도 13만 8,438명에 달하고 있었는데, 1944년도에는 총독부 알선 40만 5,000명 · 군요원 3만 명 외, 신규 필요요원 100만 명이라고 추산되고 있었다. 징병제가 새롭게 시행되었기 때문에 노동자 부족은 더욱 심각해졌다. 여기에서 1944년 총독부는 '여자 유휴노동력의 적극적 활용'이라는 명목으로 여성을 동원하고자 하여 신규 학교 졸업자와 만 14세 이상 미혼자의 전면적 동원 체제를 확립하려고 하였다. 이런 중에 다음과 같은 상황이 출현했다고 내무성은 말하고 있다.

> 근로보국대의 출동도 징용과 똑같은 것이라고 하여 일반노무 모집에 대해서도 기피 도주하고 혹은 부정한 폭행적 행동으로 나오는 자가 있을 뿐만 아니라, 미혼 여자의 징용은 불가피하다 하여 그중에는 그녀들을 위안부로 삼는다는 황당무계한 유언비어가 항간에 퍼지고 있으며, 이러한 악질적인 유언비어와 맞물려 노무 사정은 금후 점점 곤란해질 것으로 예상된다(內務大臣請議「朝鮮總督府部內臨時職員設置制中改正の件」 1944년 6월 27일).

14세 이상의 미혼 여성은 모두 동원될 뿐만 아니라 위안부로 보내진다는 소문이 1944년도에 널리 퍼져 있었다는 사실을 알 수 있다. 4월부터 8월에 걸쳐서 조선인 남성에 대한 제1회 징병검사가 행해졌고, 8월에는 미혼 여성(만 12세 이상 40세 미만)을 군수공장에서 일을 시키기 위한 여자정신근로령(女子挺身勤勞令)을 내렸기 때문에 미혼 여성은 모두 위안부로 보낸다는 소문이 퍼질 조건은 충분히 있었다. 이 소문은 젊은 여성들을 공포로 몰아넣었다. 경제적으로 여유가 있는 가정에서는 딸을 여학교에서 퇴학시켜 시골에 감추거나, 서둘러 결혼시키거나 하였다. 그

럴 여유가 없는 가정에서는 다음과 같은 상황이 일어났다.

어릴 때 양친과 헤어져 삼촌 집에서 살고 있었던 김태선(金台善, 가명)은 1944년 9월 만 18세 때 삼촌이 "최근 딸을 연행하는 사람이 많다는 소문이 있다"고 말하였는데, 어느 날 집에 돌아온 삼촌이 지붕 밑에 숨으라고 하였다. 그래서 일주일 간 숨어 지냈다. 그 후 배가 고파 내려와 밥을 먹고 있는데, 일본인과 조선인 남자가 찾아왔다. 조선인 남자가 "일본에 가서 1년 간 일하면 돈을 벌 수 있다"고 했기 때문에 그녀는 징용되어 위안부가 되기보다는 나을 것 같아 응모하였다(필자의 청취 조사에 의한다).

그러나 그녀는 버마의 랭군에 끌려갔다. 이와 같이 여자정신대로 끌려가 위안부가 된다는 소문이 확산되고 있는 상황에서 가난한 가정의 미혼 소녀들은 정신대에 가는 것보다는 취직하는 것이 낫다고 생각하는 경우가 있었다. 이러한 심각한 상황 속에서 그녀는 사기를 당해 위안부가 된 것이었다.

자유 의지에 의한 응모자는 있었는가

조선에도 공창제가 도입되어 있었기 때문에 공창이 위안부가 되는 경우는 있었을 것이라고 생각된다. 버마에서 포로가 된 20명의 위안부는 대부분은 미경험자였지만, 일부 창기가 있었다. 알렉스 중사의 보고에는(『資料集』 99), "'지상에서 가장 오래된 직업'에 이전부터 관계되어 있었던 사람도 약간 있었다"고 기록되어 있다.

그러나 일본 국내와 같이 공창은 업자에게 중요한 돈벌이 수단이었기 때문에 업자는 스스로 전쟁터에 데려가는 경우는 있어도 내버리는 것은 싫어했으리라 생각된다. 사창이 위안부가 되는 경우도 없었다고는 말할 수 없지만, 결코 많지는 않았을 것이다. 왜냐하면 그 대부분은 성병에 걸려 있었기 때문이다. 예를 들면, 중국 전선에 조선군 장병을 보내는 업무에 종사하고 있었던 조선군 임시 병참사령부 인천 지부는 "원래 조선은 화류병이 만연해 있으므로 서로 경계하여 조선인 사창에는 절대로 접촉하지 않을 것을 요망한다"고 하여, 장병이 조선인 사창과 접촉하는 것을 엄금한다고 숙사에 들어가는 부대에게 지시하고 있다(「第20師團轉屬人馬輸送業務詳報」 1938年 1月).

세월이 지나 가불금을 전부 갚은 창기가 위안 업자나 포주 등이 되는 경우는 상당히 있었다고 해도 스스로의 의사로 위안부가 되는 경우는 별로 없었으리라 생각된다. 또 설령 있었다 해도 유곽이라는 사실상의 성적 노예 제도 밑에서 그와 같은 삶을 살아갈 수밖에 없었다는 점을 중시하지 않으면 안된다. 그 여성 앞에 노동자, 전문직, 자영업 등 자유로운 직업 선택의 길이 열려 있다면 위안부가 되는 길을 선택할 여성은 있을 리가 없기 때문이다. 설령 본인이 자유 의사로 그 길을 선택한 것같이 보인다 할지라도 실은 식민지 지배, 빈곤, 실업 등 어떤 식으로든 강제된 결과인 것이다.

그렇다면 나고야(名古屋)의 고등학교 교사 다카하시(高橋信)

등이 발견한 「군위안부 급모」라는 모집광고(『매일신보』 1944년 10월 27일, 11월 1일. 본 장 서두 사진 참고)는 여성의 자유 응모를 나타내는 것일까. 이 모집광고는 '○○부대 위안소'를 위해 연령 18세 이상 30세 이하의 신체 건강한 사람 수십 명을 모집한다는 내용이었다. 이 신문은 한글 신문이기 때문에 조선인을 대상으로 한 것임에는 틀림없지만, 그러나 이를 전후로 같은 광고는 없다. 따라서 이러한 모집 방법이 일반화되고 있었다고 보는 것은 무리가 있을 것이다. 또 가난한 여성들이 신문을 구독하고 있었다고도 생각되지 않기 때문에 광고 대상은 여성들을 데리고 있는 업자라고 보는 것이 타당할 것이다. 오히려 신문에 광고가 실려 있다는 사실로부터 간파해야 할 것은 총독부가 위안부 송출을 인정하고 있었다는 점일 것이다.

도항 허가를 둘러싼 지시

그렇다면 송출하는 측인 조선총독부는 군의 요구로 민간 업자가 위안부 징집을 행할 때 생기는 위법 행위의 실정을 어느 정도 파악하고 있었던 것일까.

경찰은 위안부 징집에서 헌병과 제휴하여 업자를 지원하고 있었기 때문에 몰랐을 리가 없었다. 또 조선에서 시행된 형법에 의하면, 국외로 이송하려는 목적으로 사람의 탈취 · 유괴 · 매매가 행해지거나 또는 피유괴자 · 피매매자의 이송 등은 중죄였기 때문에 엄중한 단속을 실시하지 않으면 안되었을 것이다. 그런데 실정은 어떠했는가.

1937년 8월 31일 호리우치(堀內謙介) 외무차관은 전쟁으로 횡재하려는 '불량분자'가 중국에 건너가는 것을 저지하기 위해, 일본 국내뿐만 아니라 조선 · 대만에서도 관할 경찰서장이 신분증명서(도항증명서)를 발급할 것을 요구하고 있었다.

그 수속은 대개 다음과 같은 것이다(「不良分子の渡支取締方に關する件」, 『資料集』 3).

1. 일본 국내나 식민지로부터 중국에 도항하려는 일본 인 · 조선인 · 대만인은 소재지 경찰서장에게 신분 증명서 발급 신청서를 제출한다.
2. 신청서를 받은 일본 · 조선 · 대만의 경찰서장은 본인의 본적 · 현주소 · 신분 · 직업 · 경력 · 도항 목적 · 도항 이유 · 도항 기간이나 평소의 언동 등을 조사한다. 부정 행위를 행할 위험이 있는 자에게는 신분증명서를 발급하지 않는다.
3. '정당한 목적을 위해 즉시 중국에 도항할 필요가 있는 자' 이외는 도항을 삼가하도록 지도한다.
4. 출발항의 경찰서장은 이 신분증명서 또는 여권을 갖지 않은 자에 대해서는 중국행 배에 승선시키지 않도록 한다.

위안부로 보내진 여성도 한 사람 한 사람 이러한 조사를 받았다. 그때 그녀들을 어떻게 해서 모았는가를 정말로 조사한다면 경찰이 발견하지 못했을 리가 없다. 위법행위를 묵인하고 도항을 위한 신분증명서가 발급되었던 것이다.

빈번하게 발생한 유괴 사건

경찰의 단속은 완전히 불철저한 것이었다. 윤명숙(尹明淑)의 연구에 의하면 다음과 같은 사실이 있다(「中日戰爭期における朝鮮人軍隊慰安婦の形成」).

1937년 3월 조선총독부 경찰은 유괴범을 체포했는데, 이 남자는 1932년부터 경상남북도, 전라남북도의 농촌을 돌아다니며 '생활난에 허덕이는 가난한 농가의 처녀들'을 서울에 가면 좋은 일이 있다고 속여 조선 내의 유곽이나 북경 · 천진 · 상해 · 목단강(牡丹江) 등에 팔아 넘기고 있었다. 그는 조직적인 인신 매매망과 관계하고 있었는데, 팔아 넘긴 수는 약 150명에 이르고 있었다고 한다. 또 피해자의 한 사람은 현금 20엔을 받고 취직에 필요한 서류이기 때문에 지문을 찍으라고 했다고 한다.

같은 시기에 발각된 또 다른 유괴 사건에 의하면, 범인은 조선 농촌에서 17~18세의 여성을 선문적으로 속여 4년 간 약 250명을 중국 동북 지방과 화북 지방에 팔아 넘겨 왔는데, 도항증명서를 얻기 위한 많은 백지 위임장도 함께 발견되었다. 7월에 발각된 다른 유괴 사건에서는 도항증명서를 얻기 위해 부산 호적부 직원과 대서소 등이 협력하여 호적등본 등 필요한 서류를 위조하고 있었다고 한다. 이와 같이 유괴범이 창기의 송출을 행한 경우도 있었던 것이다. 그리고 상당히 악질적인 경우가 아니면 붙잡히지 않았고, 특히 위안부 송출의 경우는 경찰도 군의 요청이 있었기 때문에 서류가 갖추어져 있으면 허가를 내주었을 것이다.

송출에 대한 협력

조선총독부는 철저하지 못했을 뿐만 아니라 송출에 관해 전지(戰地)의 실정에 따라 적극적으로 추진하기도 하고 조정하기도 했다. 관할 경찰서는 신분증명서 발급을 통해 위안부의 도항 행선지별로 통제를 실시하고 있었던 것이다. 군의 요청을 우선으로 여기는 이상 위법행위의 방지가 철저할 수 없었던 것은 당연한 일이었다.

중일전쟁기에는 다음과 같이 통제되고 있었다. 먼저 중국 각지에 있는 일본 영사관이 현지 군의 요구를 외무성에 보고하고 외무성은 이것을 척무성(拓務省)에 통보한다. 이것을 받아 척무성은 조선총독부에 알린다. 총독부는 이것을 경무국으로부터 도지사—경찰서장의 순서로 통보하는 것이다.

무한(武漢)에 있었던 군위안소 경우를 살펴보면, 1938년 9월 14일 무한 공략을 눈앞에 두고 상해의 육군 · 해군 · 총영사관 대표는 연락 회의를 열어 「한구 공략 후 일본인 진출에 대한 응급처치 요강」(『資料集』 10)을 결정하였다. 그 내용은 거류민 중에서 군대를 대상으로 하는 상업 종사자 등의 무한 복귀를 우선함과 동시에 '군위안소 개설을 위해 진출하는 자'도 우선적으로 인정하는 통행허가증은 군대 또는 육해군 특무부가 발급한다는 것이었다. 이 방침은 위에서 지적한 경로로 조선총독부에도 통보하고, 조선에서 경찰의 허가를 받아 위안부가 송출되었다. 앞에서 본 송신도(宋神道)도 그중 한 사람이었다. 그러나 곧 포화 상태에 이르게 된다. 여기에서 이번에는 영사관에서 1939년 2월 3일 다음과 같은 통보를 내린다.

> 현재 음식점 214, 카페 19, 다방 17, 요리점 8, 잡화상 220, 그 외에 군위안소 20개(이것은 병참, 헌병대, 영사관이 허가한 숫자로 미개업 상태도 있다), 앞으로 더욱 격증할 추세이다. …위의 영업과 같은 것은 이미 포화 상태에 있으며 …현지 경기를 동경하여 막연히 도항하는 일이 없도록 지도해 주기 바라며, 이를 주지하고 배려해 주기를 청한다(「漢口への渡航者取締に關する件」, 『資料集』 11).

1939년 초까지 다수의 일본인이 일확천금을 노리고 몰려와 금방 포화 상태가 되어 버렸다는 것이다. 군위안소도 20개에 이르고 있었다. 이것도 같은 경로로 통보했다. 하기와라(萩原彥三) 척무성 조선부장은 외무성으로부터 통보를 받고 1939년 2월 20일 마쓰자와(松澤龍雄) 조선총독부 관방외무부장에게 "지금 배편으로 외무성으로부터 일본 국내 각 지방장관에게 별지 통첩한 취

지에 관해 …가능한 한 조치 있기를 바람"이라고 통첩하고 있다(「漢口への渡航者取締に關する件」).

이것을 받아 3월 3일 조선총독부 외무부장은 총독부 경무국장에게 같은 통첩을 내리고 있다. 이렇게 해서 무한 지구에 대해서는 1939년 3월부터 위안부 송출은 경찰에 의해 억제되었던 것이다.

3. 대만의 경우

대만의 조사 보고

『대만보고서』에 의하면, 1992년 말까지 대북시 부녀구원 사회복지사업기금회에 피해를 신고한 여성 또는 그 가족(본인이 사망 또는 실종되어 가족이 신고한 경우를 포함)에 대한 방문 조사 결과, 위안부였을 가능성이 있는 사람은 56명으로 그중 48명은 확실히 위안부였다고 한다. 전체적으로 보면, 이 조사는 신뢰성이 있다고 생각된다. 그러나 확실히 위안부였다고 인정되는 경우에도, 탄 배에 텔레비전이 있었다고 증언하는 사람이 있는 등 개개의 경우 문제가 없는 것은 아니다. 그러나 현재 상황에서 대만에서 피해자로부터 청취 조사를 실시하는 것은 불가능하기 때문에 이러한 제약이 따르는 것을 전제하고 이 보고서를 살펴보기로 하자.

징집 시기를 보면, 48명의 위안부 중 1942년에서 1943년 사이에 징집된 사람이 28명으로 아시아 태평양전쟁 개시 직후가 가장 많다(1938~1941년이 10명, 1944~1945년이 6명, 미상 4명). 연령은 16~20세가 24명, 21~25세가 17명, 그 이상이 6명이었다. 대만에서도 미성년자가 가장 많았다. 징집된 장소는 대북주(台北州)가 22명으로 약 절반을 차지하고 있다.

대륙에서 징집된 3명과 조선에서 징집된 한 명(조선인)을 제외한 44명에 대한 징집 방법을 살펴보면, 속임수에 당한 자가 22명으로 절반에 달하고 있다. 그 대부분은 "(군 관계의) 식당 또는 술집에서 요리를 나르고 잡일 또는 술 시중드는 일만 하지 몸을 파는 일은 없다"고 주선인으로부터 듣고 응하였다. 간호사가 된다고 속임을 당한 사람, 세탁과 밥짓기 등의 일이라고 속임을 당한 사람도 있었다.

다음으로 많은 것은 강제적으로 모아진 경우로 10명이 있다. 5명은 지방의 행정사무소로부터 할당되었다고 한다. 3명은 간호사라는 명의로 강제 징집당했는데, 강제한 사람은 알선인과 삼촌이었거나, 주선인이나 병원의 간호부장이었다. 양아버지와 주선인이 강제한 경우도 있었다. 이와는 별개로 간호사로서 전지에 잠시 간호사로 일하고 있었지만, 도중에 강제로 위안부가 된 사람이 2명 있었다.

위안부인 것을 알고 응한 사람은 3명, 브로커에 의해 속아서 팔린 사람이 1명이었다. 나머지 6명은 어떻게 징집되었는가 미상이라고 한다.

44명의 위안부 중 9명이 100엔에서 500엔의 가불금을 받고 있다. 이것을 몸팔이라고 이해하면 인신 매매는 10명이 된다. 그 중 3명은 현지에 도착했을 때 성적 봉사가 강요될 것으로 알고 거부하려고 했지만, 가불금을 변제할 수 없었기 때문에 어쩔 수가 없었다고 한다. 계약을 맺은 사람은 4명으로, 그 기간은 1년 · 1년 반 · 1년 8개월이었다. 1년 8개월 계약이었던 여성은 기간이 만료되었을 때 다른 대만인이 왔기 때문에 귀국할 수 있었지만, 다른 2명은 기간이 만료되었어도 귀국할 수 없었다고 한다.

이 중에서 간호사 일이라고 속아 응모했던 어떤 여성은 도쿄에 와서 다음과 같이 증언하고 있다(前掲, 『世界に問われる日本の戰後處理』 第1卷). 그녀는 공학교(초등학교에 해당하나 의무교육은 아니다)를 졸업한 후, 대만의 병원에서 간호사로 4년 간 일하고 있었다. 1943년 일본인이 남방에서 일할 간호사를 모집하고 있다는 이야기를 친구로부터 들었다. 대만에서 일해도 장래성이 없다고 생각되어 응모하였으며, 10명 이상의 여성들과 함께 티모르섬으로 보내졌다. 그녀는 간호사 일이라고 생각하고 있었는데, 먼저 성병 검사를 강제로 당하고 마침내 장교에게 강간당한 후 군위안소로 보내졌다고 한다. 그녀는 당시 19세였다.

대만에서도 미성년자(21세 미만)가 절반에 달하고 있었다는 사실은 중요하다.

또 조선인의 경우와 같이 속아서 연행된 사람이 많았다. 또 대만의 경우 가불금을 받았다는 것을 인정한 사람이 9명 있다는 것이 특징적이다. 그러나 그녀들은 위안부가 된다는 것을 알지 못하고 있었다. 이 9명과는 별도로 위안부인 것을 알고 응모한 사람이 3명 있었지만, 한 명은 빚을 갚기 위해, 또 한 명은 앞뒤 사정을 몰랐기 때문에, 또 한 명은 시집갈 준비를 하기 위해서였다고 한다. 이 3명도 살기 위해 다른 선택이 가능했다면 위안부가 되지는 않았을 것이다.

44명의 대만인 위안부는 해남도(海南島, 13명), 네덜란드령 인도(10명), 필리핀(8명), 버마(6명), 광동성(5명), 싱가포르(4명), 포르투갈령 티모르(2명), 오키나와(1명)에 보내졌다(이동한 경우 중복해서 계산하고 있다).

4. 중국의 경우

점령지에서의 징집 방법

중국 · 동남아시아 · 태평양의 점령지에서는 어떠했을까. 중국에서는 위안부 출신 당사자들의 증언은 아직 거의 없기 때문에 군인의 회상을 중심으로 살펴보자.

점령지 여성 중에서 위안부를 모을 경우, 각 파견군의 지시를 받아 지휘하에 있던 군 · 사단 · 여단 · 연대 등의 후방 참모나 부관이 병참부 · 경리부 · 헌병 등을 사용해 목적을 달성했다. 식민지와는 달리 점령지에서는 군이 직접 지휘한 것이었다. 몇 개의 예를 보자.

1941년 4월 21일 대만 제48사단은 복주(福州)를 점령했는데, 사단 전속 위안부가 따라오지 않았기 때문에 사단 참모부는 병참부에 군위안소 설치를 지시하였다. 그래서 병참부는 헌병대장에게 협력을 요구하여, 시내 유력자에게 물자를 제공하고 여성들을 모으도록 시켰다고 한다(鈴木卓四郎, 『憲兵下士官』).

1944년 5월 25일 낙양 공략 후 전차 제3사단 경리부의 어느 소위는 후방 참모에게 호출되어 "지금 민가를 고쳐 장병용의 위안소를 만들어라. 그리고 낙양에서 여자도 모아 오라"는 명령을 받았다. '이건 정말 너무한다'고 생각했지만, 트럭에 소금 두세 포대를 싣고 낙양으로 가서, 서너 집을 돌아 십여 명의 여성을 모았다(新京陸軍經理學校第5期生記念文集委員會事務局編, 『追憶』 上卷). 이 장교는 같은 해 여름, 형양(衡陽)에서도 위안부 징집 업무를 담당하여 중국인 여성 15명을 소금과 교환해 매춘 업자로부터 넘겨받았다.

1944년 가을 호북성(湖北省) 보경(寶慶)에 입성하여 보경 헌병분대장이 된 야마다(山田定) 헌병준위는 제116사단 후방 참모로부터 군인에 의한 강간 사건을 막기 위해 위안부 징집을 의뢰받았다. 그래서 그는 중사에게 명령하여 십여 명의 여성을 모아 부관에게 인도하였다(山田, 『憲兵日記』).

1945년 6월 독립산 포병 제2연대는 호북성 홍교(洪橋) 부근에 집결했는데, 헤이하라(平原一男) 제1대대장〈전후, 자위대 육장보(陸將補)〉은 부하의 의견을 듣고 군위안소 개설을 명령하였다. 그래서 경리실이 6명의 중국인 위안부를 모았는데, 그때의 조건은 다음과 같은 것이었다고 한다.

> 위안소 개설에서 최대 문제는 군표 가치가 폭락하여 병사들이 받는 월급에서 지불하는 군표로는 위안부들의 생활이 유지되지 않는다는 것이었다. 따라서 대대본부 경리실에서 위안부들이 벌어들인 군표에 상당하는 생활 물자를 그녀들에게 준다는 제도로 운영하였다. 경리실이 그녀들에게 주는 생활 물자의 대부분은 현지에서 징발한 식량 · 옷감류였다고 기억하고 있다. 병사들 중에는 징발나갔을 때 개인적으로 중국의 금품이나 지폐를 약탈하여 자기가 상대한 위안부에게 줄 가능성도 있다고 생각되었기 때문에, 경리실에서 지급하는 물자는 가능하면 윤택하게 하라고 지시하였다(平原, 『山砲の芷江作戰』).

대대장이 개설 명령을 내리고 대대의 경리실이 위안 업무를 지휘하고 있었던 사실이 새삼 확인된다. 식료 · 옷감 등 생활 물자를 군이 지급하고 있었다는 것도 중요하다.

마을의 유력자에게 명령하여 모으게 하다

다음으로 강제 모집의 실태를 보자. 헤이하라(平原) 대대장의 회상에 의하면, 양시당(兩市塘)에 주둔하고 있었던 경비대장은 먼저 치안유지회 회장에게 여자를 헌납하라고 요구했다고 한다. 이 이야기를 듣고 그는 "작은 경비대에서는 자력으로 위안소를 경영할 능력이 없기 때문에 중국측의 협력을 기대하게 되어 있었고 어떤 경우에는 강제라는 형태를 취하고 있었을지도 모른다"고 말하고 있다(同上).

대대 정도까지는 위안부 모집을 포함하여 자력으로 군위안소를 경영할 수 있지만, 그 이하가 되면 역부족으로 종종 강제 징집을 행한 경우가 있었다는 것일까. 군의 말단에서 종종 강제가 행해지고 있었다는 사실을 시사하고 있는 점이 주목된다.

경비대가 대장용(隊長用) 여성을 요구하는 것은 흔한 일로, 마을의 안전을 위한다는 이유로 마을의 유력자가 여성을 제공하는 경우도 적지 않았다. 군위안소를 만들 경우에도 마을의 유력자에게 협력을 구하는 것이 일반적이었다. 그 경우 군의 지시는 거역할 수 없을 뿐만 아니라 더구나 성병 예방을 위해 매춘부가 아닌 여성을 모으는 경우가 많았기 때문에 본인의 동의를 얻지 않는 강제적 방법이 동원되는 경우가 있었던 것이다.

다음의 예는 같은 독립산 포병 제2연대의 경우이다. 제2대대에 속한 어느 군의관의 일기에 의하면, 1940년 호북성 동시(董市) 부근 양쯔강 연안의 어느 마을에서 매춘부가 아닌 마을 여성들이 징집되었다. 일기에는 8월 11일 최초의 성병 검사의 모습이 다음과 같이 적혀 있다.

국부에 대한 내진 순서가 되면 점점 부끄러워해 좀처럼 바지를 벗지 않는다. 통역과 (치안)유지회장이 소리를 질러 겨우 벗긴다. 침대에 눕게 하고 촉진(觸診)하면 정신없이 손을 할퀸다. 보면 울고 있다. 방을 나가서도 한참 울고 있었다고 한다. 다음 아가씨도 같은 모양이어서 검진하는 나도 울고 싶을 정도이다. 모두가 이렇게 부끄러운 일은 처음 체험하는 일일 것이고, 무엇보다도 목적이 목적이니만큼 굴욕감을 느끼는 것은 당연한 일일 것이다. 치안유지회장 등으로부터 마을의 치안을 위한 일이라고 설득당해 어쩔 수 없이 온 것일까. 그중에는 돈을 벌 수 있다고 해서 응모한 사람도 있을지 모르지만, 싸움에 진다는 것은 비참한 것이다. 검진하는 나 자신도 즐거워서 하는 것은 아니다. 이런 일은 나에게는 맞지 않고 인간성을 유린하고 있다는 의식이 뇌리에서 떠나지 않는다(溝部一人編, 『獨山二』에서 발췌).

어떠한 여성을 모았는가를 잘 나타내는 문장이다. 이 군의관은 "(대대장은) 치안유지회장과 상담하여 현지에서 위안부 징집을 의뢰했는데", "어떠한 강제적 요청도 없었으며 모두 그들의 자유 책임에 맡겼다"고 회상하고 있다(同上). 그러나 군으로부터의 요청은 지방 주민에게는 거의 명령과 같은 것이 아니었을까. 치안유지회장이 강제적 징집을 행하고 군은 모르는 척하면서 모아온 여성들을 그대로 위안부로 삼았다고 보아야 할 것이다.

22명의 여성을 검진한 결과는 연령이 15세에서 36세까지로,

양호 4명, 가 13명, 불합격 5명이었다. 그러나 모습 · 태도 등도 고려하여 15명을 남겼다고 한다. 그중 10명이 병사용, 5명이 장교클럽용이 되었으며, 장교클럽용 중 1명이 대대장 전용이 되었다. 운영을 위임받은 업자는 통역으로서 군을 따라온 조선인이었다. 그러나 이 중국인 위안부는 말이 통하지 않았기 때문에 병사들에게 인기가 없었으며, 2개월 후 업자가 한구(漢口)에서 데려온 조선인 위안부로 대체되었다. 그 사이 이 군의관은 부대가 철수했을 때 마을 사람들이 이 여성들이 "마을의 치안을 위해 희생이 된 것"이라는 사실을 잊어버려 주민들로부터 구박받게 될 것이라고 걱정하고 있었다. 곧 폐업되었다고는 해도 그는 위안부의 앞날을 걱정하여 "다른 사람 일 같지 않게 마음 아픈 이야기다"라고 일기에 기록하고 있다.

다음은 철도 제13연대 하사관이 1944년 여름 하남성(河南省) 언성(郾城) 남방에서 임시 특설 위안소를 만든 경우이다. 군기가 문란해졌기 때문에 군위안소 개설을 명령받은 이 하사관은 전선 사령부가 있는 언성에 갔다. 거기에서 25명의 중국인 위안부와 시녀 · 감독 등 총 30명을 넘겨받아 두 대의 자동차에 나눠 태우고 도망가지 못하도록 경비병까지 붙여서 특설위안소로 데려왔다. 건물은 촌장 집을 빌려서 여섯 채로 나누고 방을 칸막이해서 개업하였다. 여기에서 군의관의 검진에 입회해 보니까 얼굴은 예쁜데 "놀랍게도 … 예외없이 불구자"였다고 한다. 군의 명령이기 때문에 사실상 강제적으로 치안유지회가 그녀들을 희생시킨

것이었다. 여성들의 연령은 20세 전후였다. 첫날부터 많은 병사들이 몰려왔고 밤에는 장교들이 몰려왔다. 이틀째가 되자 아침 10시부터 밤중까지 일해 몸이 견디어낼 수 없으니까 쉬게 해 달라고 여성들이 간청했을 정도였다고 한다(森利, 『モリトシの兵隊物語』).

'토벌' 때 연행하다

강제적 징집의 또 하나의 방법은 군이 '토벌' 등을 나갔을 때 직접 연행하는 방법이다. 중국에서는 위안부 출신자에 대한 청취 조사가 거의 이루어져 있지 않기 때문에 실태를 잘 알 수는 없으나, 현재까지 알려진 것으로 다음과 같은 증언이 있다.

만애화(万愛花)는 1929년 내몽골에서 태어났는데, 집이 가난했기 때문에 4세 때 산서성(山西省) 맹현(孟縣)으로 팔려 갔다. 11세 때부터 항일운동에 참가했는데 1943년 일본군에게 3번 체포되어(감금 기간은 각각 20~26일), 그때마다 윤간당했다고 한다(前掲, 『世界に問われる日本の戰後處理』, 第1卷). 이것은 일정 기간을 감금 윤간한 경우이다.

대만의 보고서에 의하면, 48명의 위안부 중, 2명은 광동성(廣東省)에 1명은 해남도(海南島)에 살고 있었던 중국인으로 거기에서 징집되었는데, 3명 모두 '아무 이유도 없이' 군대에 강제로 연행되었다고 말하고 있다(『臺灣報告書』). 현재까지의 상황에서 중국에서의 위안부 증언은 거의 없지만, 금후 조사가 진행되면 다음 절에서 살펴볼 필리핀에서와 같은 경우가 어느 정도 분명해질 것이라 예상된다.

또 아시아 태평양전쟁기에 중국에서 동남아시아의 군위안소로 보내진 중국인 위안부는 적지 않다. 예를 들면, 대륙 출신으로 현재 대만에 살고 있는 위안부 3명 중 2명이 버마로 보내진 것과 같이, 화남(華南)에서 상당수의 중국인 여성이 버마로 보내졌다. 이 시기 중국은 조선 · 대만에 이은 위안부 공급 기지였던 것이다.

5. 동남아시아의 경우

군에 의한 징집

동남아시아에서의 위안부 징집은 중국에서 하듯 군이 전면에 나선 것이 특징이다.

동남아시아 침공 초기에는 군의 병참부대가 이를 담당했다. 제25군(말레이작전을 담당) 병참에 소속되어 있던 병사의 증언에 의하면, 1942년 1월 2일 말레이반도 상륙 지점인 신고라에 있던 병참 장교 등 3명이 태국의 방콕 출장을 명령받았다. 거기에서 그들은 일본 기업 주재원에게 부탁하여 23명의 창부를 모아 성병 검사에 합격한 태국 여성 3명을 데리고 돌아오는 등, 각지에서 군위안소 개설을 담당했다고 한다(林博史, 「マレー半島におけ

る日本軍慰安所について」).

해군도 직접 징집에 관계하고 있었다. 인도네시아의 술라웨슈 섬 남부의 켄더리 아모이드 바우바우에 있는 해군 직영 위안소에서는 담당 장교가 징집하고 있었다. 또 민정부가 감독하고 있던 23개의 군위안소에서는 군속과 실업단원이 모집과 고용 계약을 하여 각 군위안소에 배분하고 있었다(『資料集』 83).

싱가포르에서의 모집

싱가포르의 중국어 신문 『소남일보(昭南日報)』(1942년 3월 5~6일)에 '접대부 모집'이라는 광고가 실려 있다. 그 내용은 각 민족의 접대부 수백 명을 모집한다,

연령은 17세부터 28세, 보수는 150달러 이상, '암업(暗業)'(매춘부 등을 말한다)도 가능, 접수는 래플스 호텔, 이라는 것이었다(林博史, 「シンガポールの日本軍慰安所」). 래플스 호텔은 병참이 관리하는 장교용 호텔이었다.

근위사단(近衛師團) 통신대 장교 후사야마(總山孝雄 : 전후 일본학사원 회원)의 회상에 의하면, 2월 27일 군위안소가 개설되어 있었다. 『소남일보(昭南日報)』의 광고는 어쩌면 이것과 관련되어 있었을지 모른다. 어쨌든 제25군사령부의 후방 담당이 위안부를 모집하면 그때까지 영국군을 상대하고 있었던 여성들이 속속 응모했다고 한다(總山, 『南海のあけぼの』). 싱가포르에서는 점령 직후 위안부가 공공연히 모집되어 처음에는 매춘부 등 생활이 곤

란한 여성들이 응모하였던 것이다.

그러나 이 여성들은 하루에 한 사람 정도 상대하면 좋을 것이라고 생각하고 있었는데, 군인이 줄을 서서 몰려오는 것에 비명을 질렀다. 그래서 4~5명을 상대하고 중단하려 하자 소동이 일어나 어쩔 수 없이 "여성의 손발을 침대에 묶어" 계속하게 했다는 것을 병사로부터 전해 들었다고 한다(同上). 이러한 강제도 있었던 것이다.

지방의 유력자에게 압력 행사

이미 제II장에서 본 바와 같이 육군 중앙에서는 동남아시아를 침공하기 전에 강간 방지와 성병 예방을 위해 군위안소를 만들 계획을 세우고 있었으며 위안부는 촌장에게 할당시켜 모으려고 하고 있었다.

지방의 유력자에게 명령해서 모으는 이 경우는 동남아시아 각지에서 보인다.

1942년 5월 필리핀 루손섬의 누에바비스카야주 아리타오에 주둔하고 있던 어떤 중대에서는 병사가 강간 미수 사건을 일으켰기 때문에 바욘본에 있던 대대 부관의 명령으로 각 중대에 군위안소를 설치하게 되었고, 대대본부의 시모쓰(下津勇) 중위는 통역관을 데리고 동분서주하며 각 중대 주둔지의 촌장과 협의하여 여성들을 모았다. 그는 모은 여성들의 면접과 신상 조사를 통해 젊고 건강한 여성 50여 명을 채용했다고 한다(下津, 『泥濘

と黃塵』).

민다나오섬 라산지구 코로니에서 비행장 건설을 시작한 제126야전 비행장 건설대의 회계 소위는 상륙 직전인 1944년 6월 원피스용 옷감을 가지고 다바오의 유력자를 방문하여 위안부 알선을 의뢰하였다. 1주일 후에 6명의 여성을 받아 군위안소를 개설하였다(高野部隊戰友會, 『高野部隊ミンダナオ島戰陣記』).

말레이시아의 크와라피라에서는 보병 제11연대의 어떤 중대장이 치안유지회의 회장 대리(화교)를 불러 여성을 모으라고 명령하였다. 그 즈음 각지에서 일본군에 의한 중국계 주민에 대한 학살이 일어나고 있었기 때문에 거부하면 살해될 것이라고 두려워한 회장 대리는 미망인 등 18명을 모아 바쳤는데, 여성들은 회장 대리에게 집에 돌아가고 싶다고 울며 애원했다고 한다(林, 「マレー半島の日本軍慰安所」). 이것을 강제라고 말하지 않을 수 있을까.

사기에 의한 연행의 예

사기에 의한 연행도 횡행하였다.

필리핀에서는 루손섬 라그나주에서 태어난 프란시스카 나페사 아우스타리가 이 경우에 해당한다. 그녀는 1942년 12월경 개울에서 세탁을 하고 있던 중 마카피리(일본군 협력자를 일컬음)가 다가와 일본군을 위해 "세탁 일을 하면 급료를 집으로 보낸다"고 했다. 그래서 다른 4명의 여성들과 함께 일본군 주둔지로 갔다고 한다. 그중 2명은 12세였기 때문에 무겁고 커다란 옷을 빨기에는 너무 어리다고 해서 집으로 되돌려 보냈다. 남은 3명은 위안부가 되었다. 당시 그녀는 18세였다(「訴狀」).

인도네시아의 보르네오(칼리만탄)섬 타라칸에 있었던 치중병(輜重兵) 제32연대 제1중대의 어떤 병사는 1944년 그곳 군위안소에 있었던 리나라는 위안부로부터 자기들을 수산회사 사무원이 된다고 속여 스라웨시섬 메나드로부터 가레라로 끌고 와 위안부를 시켰다는 말을 들었다고 한다(同中隊戰友會八木會編, 『我らの軍隊生活』).

필리핀에서의 폭력적 연행

필리핀에서는 다수의 위안부 출신자가 이름을 밝히고 있는데, 그들의 증언에서 분명해지는 것은 군에 의한 폭력적 연행이 대단히 많았다는 것이다. 「기소장」에 의하면, 46명의 피해자 대부분이 군에 의해 폭력적으로 연행되었고 연령은 최저 10세에서 최고 30세로, 미성년자(10대)는 33명이었다. 필자가 청취 조사를 할 수 있었던 전형적인 경우를 보면, 다음과 같다(「訴狀」과 청취 조사에 의한다).

마리아 로사 루나 헨손은 부친이 루손섬 안헤레스의 대지주이고 모친은 그 하녀였다. 일본군 침입 후인 1942년 피난 간 마을에서 이삭을 모으던 중 일본군에 의해 강간당했다. 당시 14세였다. 다음해 안헤레스시(市)에서 항일 게릴라 대원과 함께 물소가 끄는 짐차를 타고 일본군 검문소를 통과하려고 할 때 검문당해 그녀만이 연행되었다. 일본군이 숙사로 삼고 있던 병원에 감금되었고 그 후 정미소였던 건물로 이전되어 강제로 일본 병사를 상대하게 했다고 한다. 주 1회 정도 성병 검사가 있었다고 하니 역시 군위안소의 하나였다고 생각해도 좋을 것이다.

로시타 파카르드 나시노는 파나이섬 일로일로주에서 태어났는데, 일본군 점령중인 1942년 모친이 사망하고 다음해 부친이 굶주림으로 사망했다. 그녀는 일로일로주의 사탕 공장에서 일하고 있었는데, 1944년 그만두고 할머니가 있는 에스탄시아로 돌아가던 중 할머니집 근처에서 일본 군인에게 납치되었다. 집에서 불과 20분 정도 떨어진 곳에 일본군 병영이 있었다. 그녀는 에스탄시아의 제빙 공장으로 끌려가 장교와 하사관 · 사병에게 차례로 강간당했다고 한다. 그녀는 이 공장에 약 1개월 간 감금되어 있었는데 그중에는 약 15명의 여성이 있었다고 한다.

이와 같이 일본군에 대한 게릴라 활동이 활발하고 일본군이 주민을 적대시하고 있었던 필리핀에서는 특히 군에 의한 폭력적인 여성 연행이 많았던 것이다.

인도네시아에서의 폭력적 연행

인도네시아에서도 폭력적인 연행은 적지 않았다. 네덜란드군의 자료를 이용한 오무라(大村哲夫)의 연구에 의하면, 칼리만탄섬의 폰티아너크시(市)에서는 1943년 전반에 해군 파견부대의

대장이 재류 일본인의 '축첩금지령(蓄妾禁止令)'을 내림과 동시에 일본인과 성적 관계에 있는 주민을 강제적으로 수용하는 명령을 내려 해군특별경찰대가 모은 여성들이 3개의 해군용 위안소와 5~6개의 민간인용 위안소로 보내졌다고 한다(大村, 「'現地調達'された女性たち」).

1944년 전황이 악화되자 안본섬에서는 일본인 위안부는 후방으로 대피시키고, 8월에는 현지 지방 여성들이 있던 위안소도 폐쇄되었다. 그러나 해군 특별경찰대 장교의 회상에 의하면, 군인의 비행이 계속되었기 때문에 제4남견(南遣)함대사령부(정확히는 해군 제25특별근거지대사령부인 것 같다)의 선임 참모 지도 아래 군위안소를 다시 한 번 설치하게 되었다. 위안부 체험자, 매춘부, 매춘한 소문이 있는 자, 지원자를 대상으로 명단을 만들어 본인과 교섭하지만, "어느 정도의 강제는 어쩔 수 없다"는 상황이었다고 한다. 치안 유지를 임무로 하는 특별 경찰대가 전면에 나서는 것은 모양새가 좋지 않기 때문에 협력하는 정도로 하고 부관이 중심이 되어 정무대(민정경찰)가 모으기로 하였다고 한다. 그 지도를 담당한 사정관으로부터 이 장교가 들은 이야기에 의하면, 사파로와섬에서 명단에 실린 여성을 강제로 배에 태웠을 때 주민들이 속속 항구에 모여들어 "딸을 돌려달라! 딸을 돌려달라!"고 외쳤다고 한다(天晴道, 『海軍特別警察隊』). 모은 여성들은 유라시안(이 경우 백인과 인도네시아인의 혼혈)과 인도네시아인이었다.

또 위와 같은 경우와 일부 중복되지만, 해군 제25특별근거지 대사령부의 회계장교였던 사카베(坂部康正)의 회상에 의하면, 안본섬에서 일본인 위안부를 되돌려 보낸 뒤 사령부 참모가 네 곳의 위안소를 개설하여 약 100명의 위안부를 '현지 조달'하는 안을 만들었다고 한다. 그 내용은 "일본군 장교와 정을 통한 자는 엄벌에 처한다"는 포고를 내려 '밀고를 권장하고', '현지 주민 경찰관을 이용하여 일본 장병과 사이가 좋은 자'를 수용하여 그중에서 미인이면서 성병이 없는 자를 선발해 위안부로 삼는다는 내용이었다(海軍經理學校補修學生第10期文集刊行委員會編, 『滄溟』). 그는 "클럽에서 울부짖는 젊은 인도네시아 여성의 소리를 여러 번 듣고 음울한 기분이 되었다"고 말하고 있다.

이와 같이 동남아시아 · 태평양 지역에 걸쳐 주민을 위안부로 강제 연행하여 강제 사역시킨 경우는 적지 않았다. 또 인도네시아의 경우 멀리 떨어진 여러 섬이나 버마 · 필리핀 등으로 연행되는 경우도 있었다. 인도네시아는 조선 · 대만 · 중국에 이은 위안부 공급지로 여겨지고 있었던 것이었다.

제Ⅳ장

위안부들이 강요당한 생활

중국의 군위안소에서 순번을 기다리는 병사들(村瀨守保 사진).

1. 관리 · 통제의 실태

군에 의한 감독 · 통제

군위안소에 대한 감독 · 통제는 현지군 사령부의 관리부나 후방 참모, 병참 위안계, 사단 · 연대 등의 부관이나 회계장교, 헌병대 등이 담당했다. 예를 들면, 이마무라(今村均) 대장이 제5사단장 시절을 회상한 것에 의하면 1940년 2월 중순 편성된 지 얼마 안되는 남령(南寧)의 제22군 사령부에 약 15명의 업자에 의해 연행된 150명의 위안부가 도착했다. 거기에서 제22군사령부 관리부장은 모여 있던 제5사단장과 각 여단장에게 "군관리부에서 가옥은 마련"했지만, 멀리 있는 근위여단에 배분할 위안부에 대해서는 여단이 해결해 주었으면 좋겠다고 말했다. 제5사단에서는 군관리 위안소의 이용법에 대해 사단 부관에게 연구하도록 하여 군관리부와 상담한 후 한 사람이 1일 한 장꼴의 티켓제로 이용하는 것으로 했다고 한다(『今村均回顧錄』).

직영한 군위안소는 군이 전면적으로 관리했다. 민영의 형식을 취한 군위안소의 경영에 대해서도 군은 엄격하게 감독 · 통제하고 있었다. 이와 같은 감독 · 통제의 지시를 내리고 책임을 져야 할 위치에 있었던 사람은 현지군의 지휘관이었다. 그러나 이와 같은 제도를 만들어 운영하는 것이 육군 중앙의 승인과 지시에 의해 행해지고 있었다는 것은 이미 살펴본 바와 같다. 다음에서는 군에 의한 감독 · 통제의 구체적인 내용을 고찰해 보고자 한다.

군위안소의 설치와 운영

점령지에 군위안소를 설치하는 결정은 부대장이 내리고 부관이 회계 장교 등에게 지시하여 설치에 착수했다. 가장 먼저 군이 준비한 것은 위안소로 삼을 건물이었다. 개설은 군이 지정한 지역 · 가옥에 한정되었지만, 가옥은 많은 경우 호텔 · 식당 · 상점이나 커다란 저택 등 군이 접수한 방이 많은 건물이 할당되었다.

또 방이 많아야 한다는 조건 때문에 학교 · 사원 등이 군위안소가 된 경우도 있었다. 장병이 다니기에 편리한 위치에 있어야 한다는 것도 조건이었다.

한구(漢口) 병참사령부의 나가사와(長澤健一) 군의관 대좌에 의하면, 군위안소 확보는 병참 업무의 하나였다. 1938년 10월 점령 직후, 한구에 들어온 병참의 설영대(設營隊)는 300명 정도의 위안부가 들어갈 장소를 확보하라는 병참사령부의 명령을 받고 후보 가옥을 찾아 68칸의 2층 건물이 늘어서 있는 적경리(積慶

村上千之扶,『野戰豫備病院,「어느 衛生兵의 私記」』(1922年, 私家版).

里)라는 장소를 확보했다. 주위가 울타리로 둘러싸여 있고 교통 편도 좋았기 때문에 그곳이 군위안소가 되었다(長澤,『漢口慰安所』). 무라카미(村上千之助)가 그린 적경리의 군위안소 스케치는 그 모양을 잘 전해 주고 있다.

군위안소는 보통 부대에서 떨어진 장소에 만들어졌지만, 병영 안에 설치되는 경우도 있었다. 예를 들면, 1944년 6월 민다나오섬 코로니에서 비행장을 만들고 있었던 제126야전 비행장 건설대는 숙사 가장 안쪽 병사(兵舍) 한 칸을 개조하여 1층을 매점, 2층을 군위안소로 하였다(前揭,『高野部隊ミンダナオ島戰陳記』).

부근에 적당한 건물이 없을 경우에는 새로 지었다. 1944년 이후 오키나와에서는 미군과의 전투에 대비하여 많은 부대가 파송

되어 있었기 때문에 군위안소가 많이 만들어졌다. 예를 들면, 이에시마(伊江島)에서 요새를 만들고 있었던 요새건설근무 제6중대의 「진중일지」(『資料集』 87)에는 5월 24일부터 병사들이 매일 군위안소의 신축 작업을 하는 모습이 기록되어 있다. 또 혼시마(本島)의 북쪽 비행장에 있던 제56비행장 대대파견 중신반(重信班)의 「진중일지」(『資料集』 89)에 의하면, 12월 24일부터 군인클럽을 군위안소로 개축하는 작업을 하고 있었다.

건물을 확보하면, 군위안소로 사용할 수 있도록 작은 칸막이를 하여 변소 · 세수대 · 접수창구 등을 만들고 각 방에 침대 · 담요 · 소독약을 집어넣는 등 목수 · 미장이 일을 할 수 있는 병사가 개조 · 설치하였다.

1945년 봄, 해남도(海南島) 하구 가까운 경산(琼山)에 주둔하고 있던 제23여단 지휘 아래 있던 어느 부대에서는 부관과 군의관 중위가 임시 군위안소 개설을 담당하였다. 이 군의관은 '특종소대'라고 불리는 약 50명의 순회 위안부를 수용하기 위해 병사(兵舍)를 개조하도록 했다면서 다음과 같이 말하고 있다.

> 각 중대로부터 목수 · 미장이 등 건축 관계 기능인을 소집했다. 병사(兵舍)는 1개 분대용으로 커다란 방이 있었는데, 이것을 별실이 붙은 방 약 50개로 개조했다. 각각의 별실을 장교용, 하사관용, 사병용으로 구분하였다. 목제 침대도 들여 오고 침구도 들여와 준비를 완전히 마쳤다(堀江祐司, 『湘桂作戰に從軍した一

軍醫の回想』).

건물 준비뿐만 아니라 침구 · 침대까지 군이 준비했던 것이다.

방의 모양

군위안소의 방 내부는 다양했다. 한구(漢口)의 적경리(積慶里) 위안소는 처음에는 안페라(안페라라는 풀 줄기 또는 대나무로 짠 망석)로 방을 가르고 담요나 식기류는 사람이 없는 중국인 가옥에서 설영대원(設營隊員)이 징발(약탈)해 온 것을 배포했다. 나중에는 업자가 칸막이를 치고 다다미를 깔아 격자문을 붙이고 한구에 새로이 진출한 다이마루(大丸)나 다카시마야(高島屋)에서 화려한 침구나 일상용품을 사들여 놨다고 한다(前揭, 『漢口慰安所』).

전선에서 가까운 군위안소는 이와는 모습이 완전히 달랐다. 장사(長沙) 교외에 있는 위안소에서는 방은 다다미 3장 크기로 반 평 정도의 토방 안에 담요가 펴져 있었다고 한다(細川忠矩, 『戰場道中記』). 또 야포병 제110연대 부관의 당번병 회상에 의하면, 1941년 2월경 중국 석가장(石家藏)의 군위안소 방 내부는 다음과 같았다고 한다.

방은 개실로 되어 있고 문을 열면 좁은 토방이 조금 있을 뿐으로 자리가 마련되어 있었다. 위안부는 거기에서 생활하고 있었기

때문에 생활 잡품이나 가재도구가 빽빽이 놓여 있었다. 그리고 일종의 이상한 냄새가 좁은 방에 배어 있었다(佐藤寬二, 『赤いチューリップの兵隊』).

이와 같이 위안부가 살고 있었던 방은 담요 또는 침대와 약간의 가재도구를 집어넣으면 꽉 차 버릴 정도의 넓이가 많았다. 그 중에는 다다미 8개 크기의 방도 있었지만, 보통은 다다미 2~3개에서 4개 반 정도의 크기였다. 전선에 보다 가까운 곳에서는 파괴된 민가 정도면 좋은 편으로 "간단히 판자를 두르고 안에는 안페라를 깐 마치 간이 공동변소" 같은 곳도 있었다고 한다(柳澤勝, 『オレはまんねん上等兵』).

위안부의 등록

한구(漢口)에서는 위안부가 도착하면 필요한 서류를 가지고 병참 위안계에 출두하지 않으면 안되었다. 거기에서 다음과 같은 조사 · 등록이 행해졌다(山田淸吉, 『武漢兵站』).

1. 담당 하사관이 위안부의 사진 · 호적등본 · 서약서 · 부모 승낙서, 경찰의 허가서, 소재지 기관장의 신분증명서 등을 조사한다.
2. 소정의 신상 조사 용지에 경력, 부형의 주소 · 직업 · 가족구성, 가불금 금액 등을 쓴다. 여기에는 나중에 영업 정지나 병으로 인한 입원 등의 사항이 추가로 기재되며 '주벽이 있다'든지

하는 본인의 특징도 할 수 있도록 되는 대로 추가된다.

3. 신상 조사의 사본을 헌병대로 보낸다.

즉 군은 위안부가 어떻게 끌려오게 되었는가를 충분히 파악함과 동시에 완전히 관리하고 있었던 것이다. 이것은 마닐라에서도 같았다. 연합군이 압수문서 등에 의해 정리했던 「일본 군대의 생활 편리 시설」(『資料集』103)이라는 문서 안에 있는 마닐라 병참지구대의 「재마닐라 인가 음식점, 위안소 규칙」(1943년)에 의하면, 업자는 개업허가신청서 · 영업계획서 · 선서서(宣誓書)나 위안부의 생년월일 · 본적 · 가불금 등을 기입한 일람표를 제출하여 위안부로서 일할 수 있는 허가를 받지 않으면 안되었다.

이용 규정

군위안소 설치에 있어서 군은 세밀한 이용 규정을 만들어 두고 있었다. 예를 들면, 중국 광동성(廣東省)에 있던 독립보병 제13여단 중산(中山) 경비대의 「군인클럽이용규정」(1944년 5월, 『資料集』 64)은 소도시 등에 주둔하는 경비대의 전형적인 이용 규정이다. 여기에서는 경비대 전용 식당을 제1군인클럽, 위안소를 제2군인클럽이라고 부르고, 20조에 달한 규정을 정하고 있었다. 이하 간추려 기록한다.

제3조 : 부대 부관은 군인클럽 업무를 통괄, 감독, 지도하고

원활하고 확실한 운영을 꾀한다.

제4조 : 부대 군의관은 군인클럽의 위생 시설 및 위생 시설의 실시 상황, 그리고 가족, 주부, 사용인의 보건, 조리, 식단 등의 위생에 관한 업무를 담임한다.

제5조 : 부대 회계관은 군인클럽의 경리에 관한 업무를 담임한다.

제18조 : 이용자는 방첩(스파이 방지)에 관해 세심한 주의를 해야만 한다.

제19조 : 이용자는 영업주, 창부, 시설, 기타 군인클럽에 관한 부당한 것을 보거나 들으면 부대 부관에게 통보해야 한다.

이와 같이 업자가 경영하고 있는 경우에도 군이 완전히 통제하고 있었으며 군위안소의 자세한 이용규칙 · 이용요금 · 이용시간 · 각 부대의 이용날짜의 지정, 위생 관리에서 경리에 이르기까지 군이 결정하고 또는 관여하고 있었던 것이었다.

제2군인클럽이라고 불렀던 군위안소에 한정된 이용 규정은 제13조에서 제17조였다.

제13조 : 제2군인클럽에서 음식을 먹는 것을 허용하지 않는다.

제14조 : 요금은 현금 선불로 한다.

제15조 : 기녀(妓女)가 차를 내는 것은 원칙적으로 허용하지 않는다.

제16조 : 다음과 같은 자는 군인클럽의 이용을 금한다.

1. 정해진 시간 이외에 이용하려고 하는 자.

2. 정해진 의복을 착용하지 않은 자.

3. 눈에 띌 정도로 취해 있는 자.

4. 다른 이에게 폐를 끼칠 위험이 있는자.

5. 제17조 이외의 자 및 이를 동반하는 자.

제17조 : 군인클럽의 이용은 군인, 군속에 한한다. 다만 제1군인클럽에 한해서 장교가 동반하는 경우 지방인(민간인)이라도 이용을 허용한다.

이용시간은 병사가 아침 9시 반부터 오후 3시까지, 하사관은 오후 4시부터 8시까지, 장교는 오후 8시 반부터 다음날 아침까지로 규정되어 있었다. 장교는 한 사람이 밤샐 때까지 이용하고 묵고 가는 것도 가능했던 것이다. 요금은 사용 시간 30분의 경우 중국 돈으로 병사 6엔 · 하사관 9엔 · 장교 11엔이었다. 병사보다 하사관, 하사관보다 장교가 군위안소를 이용하기 쉽게 되어 있었고 또 위안소에서 사병 · 하사관 · 장교가 맞닥뜨리지 않게 되어 있었다. 이와 별개로 많은 경우에 장교 전용 위안소가 있었으며 부대장 전용 위안소가 있었다.

독립공성(攻城) 중포병 제2대대가 1938년 상주(常州)에 주둔하고 있었을 때의 규정에서는 중국인 위안부는 일본엔으로 1엔, 조선인 위안부는 1엔 50전, 일본인 위안부는 2엔(하사관 · 장교는 그 2배를 지불한다)으로 되어 있었다(『資料集』 41).

왜 이용 규정이 엄격했는가

위안소의 이용 규정이 엄격했던 것은 무엇보다도 위안소를 설치해서 그곳을 성적 위안, 성적 방종의 장(場)으로 열어 두면서 동시에 그것으로 인해 군기 풍기를 유지한다는 모순된 조치 때문이며, 또 성병 만연을 방지함과 동시에 스파이 방지에도 주의하지 않으면 안되었기 때문이었다.

이렇게 해서 군은 누가 군위안소를 이용했는가라는 이용자에 관한 상세한 보고를 업자로 하여금 제출하도록 하였던 것이다. 예를 들면, 독립포병 제13여단 도야마대(遠山隊)의 「외출 및 군인클럽에 관한 규정」(1944년, 『資料集』 65)에 의하면, 업자는 위안부 한 사람에 대한 이용인원 · 매상액 · 콘돔 사용 수를 매일 보고하지 않으면 안되었다.

이와 같이 군 전용의 위안소 경영은 형식은 민영이었다 하더라도 실질적인 운영 주체는 군으로, 업자는 종속적 존재였다는 것을 알 수 있다. 말 그대로 군의 관리하에 운영되고 있었던 것이었다.

2. 위안부의 일상생활은 어떠한 것이었나

성교의 강요

지금까지 일본에서는 연행시의 강제가 문제시되어 왔지만,

그것과 동시에 또는 그 이상으로 중요한 것은 위안소에서의 처우나 강제의 문제이다. 다음에서는 이 점을 검토해 보기로 하자. 제III장에서 고찰한 바와 같은 형태로 연행된 여성들을 기다리고 있었던 것은 말할 것도 없이 성교의 강요였다. 그에 앞서 군의관에 의한 성병 검사가 있었다. 기생 양성 학교를 나온 후 양아버지에게 끌려 북경으로 가 거기에서 군 트럭으로 군위안소에 연행되어 간 김학순(金學順)은 위안소에서 보낸 첫 밤을 다음과 같이 말하고 있다.

> 장교가 방에 들어와서 나를 천으로 칸막이를 한 옆방으로 끌고 갔습니다. …안 가려고 발버둥을 쳐 보았지만, 힘에 밀려 옆방으로 끌려갔습니다. 그 장교는 나를 안으며 옷을 벗기려 하였습니다. 저항했지만, 옷은 모두 찢기고 결국 그 장교에게 나는 처녀를 빼앗겨 버렸던 것입니다. 그날 밤 나는 그 장교에게 두 번이나 강간당했습니다(『證言』).

1941년의 일로 그녀는 당시 17세였다. 이후 그녀는 매일 오후 군인을 상대하지 않으면 안되었다. 토벌 작전이 끝난 후에는 특히 그 수가 많아서 하루에 7~8명을 상대하지 않으면 안되었다고 한다.

위안부가 하루에 상대하지 않으면 안되었던 군인의 수는 장교용 위안소에서는 많지 않았지만, 하사관 · 사병용의 위안소에서는 많은 경우에는 20~30명이나 되었다. 버마에서 군위안소를 경영하고 있었던 업자 고쓰키(香月久治)에 의하면 어느 날 위안부가 하루에 60명을 상대한 적이 있었는데 이 여성은 3일 정도 쉬지 않으면 안되었다고 하기 때문에(필자의 인터뷰에 의함), 이것은 예외적이라고 하더라도 여성에게 대단한 고통이었음에는 틀림없다.

'몇 번이나 성기가 부은'(이영숙) 상태에서도 그녀들은 거부할 수가 없었다. 성에 굶주린 군인들은 살기를 띠고 있었고 거부하면 엄청난 폭력을 휘둘렀기 때문이다.

이와 같은 군위안소 상황은 군인측에서 보아도 기묘한 것이었다. 어느 장교는 베트남의 나트랑 군위안소의 모습을 다음과 같이 쓰고 있다.

> 전부터 소문은 듣고 알고 있었던 삐집(군위안소)이었지만, 그 너무나도 어처구니없는 현실은 자극적이라기보다는 이상한 세계를 보고 있는 것 같은 생각이 들었다. 백주에 당당히 줄을 서서 순번을 기다리는 사람의 코앞에서 일을 끝내고 바지 허리띠도 매지 않은 상태로 차례로 나오는 모습의 생생함. 흥분되어 들떠 있는 것도 아니고 일종의 긴장 속에서 콘베이어 시스템처럼 진행되는 의식은 금단의 나무열매 맛을 모르는 나를 질리게 하였다(南原幸夫, 『遙かなる佛印』).

군인들조차 군위안소를 보고 질려 동요한 것이다. 행렬을 만들어 밀려오는 군인에 대해서 위안부가 두려워한 것은 당연한 일이었다. 그러나 거부한다는 것은 불가능했다. 이용수(李容洙)는 "경영자에게 얻어맞는 것이 아닐까 늘 숨을 졸이고 있었다"고 말했으며, 문필기(文必琪)는 말한 대로 하지 않는다고 해서 "칼을 다다미에 꽂고 성행위를 하는 술 취한 군인이 많이 있었다"고 증언하고 있다(『證言』). 응하지 않을 경우 성교를 요구하는 장병이나 고수입을 원하는 업자는 폭력을 휘둘러 여성들을 협박했던 것이다.

술을 마시고 폭력 행사

술에 취해 군위안소에서 폭력을 휘두른 군인은 적지 않았다. 사건이 된 경우를 보면, 예를 들어 1941년 11월 어느 중사가 표를 사지 않고 군위안소에 들어가 상대하기를 거부한 위안부를 '구타 폭행'했다. 또 무창(武昌)의 군위안소에 간 어느 병사는 휴업중이라 거절당한 것에 화가 나 위안부를 길거리로 끌어내 때리는 사건을 일으켰다. 1942년 2월에는 하사가 중국인이 있는 위안소에 들어가 칼을 빼 들고 소란을 피웠다. 다른 중사는 칼을 빼 칸막이나 벽을 부수고 업자와 위안부에게 호령하였다. 또 어느 예비역 소위는 심야에 군위안소에 들어가 입실을 거절당하자 소란을 부렸다(이상 中支那派遣憲兵隊司令部, 「陸軍軍人軍屬非行表」 1941년 11월, 1942년 2월).

모든 경우가 다 술을 마신 후의 폭력 행사였다. 그러나 이러한 일들은 너무나 잦은 일이었기 때문에 어쩌다 통보되어 사건화되었지만, 방안에서의 군인의 강요가 문제된 경우는 드물었다. 더구나 이 표면화된 폭행조차도 가해자는 엄벌을 받지 않고 엄중설교 · 중근신 정도로 용서되었던 것이다.

휴일은 있었는가

앞 절에서 본 바와 같이 이용 규정에 의하면, 위안부는 병사 · 하사관 · 장교의 순서로 아침부터 심야까지 군인을 상대하지 않으면 안되었다. 장교가 묵을 경우 거의 24시간 구속되었던 것이다.

위안부에게 휴일은 특별히 없거나 있어도 월 1~2회 정도였다. 독립공성중포병(獨立攻城重砲兵) 제2대대 「상주주둔간내무규정(常州駐屯間內務規定)」(1938년 3월, 『資料集』 41)이나 오키나와에 있던 산(山) 3475부대의 「내무규정」(1944년12월)에서는 휴업일은 매월 1회뿐이었다(高崎隆治編, 『軍醫官の戰場報告意見集』). 필리핀 마스바데섬 경비대 규정에는 일요일에서 금요일까지 각 부대에게 사용 요일이 배당되어 있었으며, 유일하게 토요일 낮 동안만은 휴업으로 되어 있었다(오전은 성병 검사이고 저녁 5시에서 7시 반까지는 하사관, 그 이후는 장교 이용시간, 『資料集』 69).

보수를 둘러싸고

군위안소를 이용하는 장병은 보통 요금을 지불하고 있었다. 그 때문에 병사는 일본이나 식민지의 창녀를 사는 것과 같은 기분으로 군위안소에 다니고 있었다.

그러나 위안부의 경우는 열악한 상황에 있는 창기보다도 훨씬 비참했다. 또 이 돈이 위안부에게 건네진다고 장담할 수도 없었다.

군은 수입 배분 비율을 규정하고 있었다. 말레이 군정감이 결정한 「위안 시설 및 여관 영업 준수규칙」(1943년)에 의하면, 위안부 몫은 가불금이 1,500엔 이상일 경우는 4할 이상, 1,500엔 미만일 경우는 5할 이상, 가불금이 없을 경우는 6할 이상으로 규정하고 있었다. 이 규정은 위안부 보호를 목적으로 한 것이었기 때문에 이 정도도 조건이 좋은 편이었다. 또 이 규칙에서는 배분금의 100분의 3을 강제 저금으로 하고, 위안부 배당금의 3분의 2 이상을 가불금 변제로 돌리고 있으며 위안부의 직업상 임신 · 질병 등은 본인이 반액 부담, 그렇지 않을 경우는 본인이 전액 부담으로 결정하고 있었다.

그런데 이것이 위안부에게 최고로 좋은 대우였다. 많은 경우 옷값 · 화장품값 등 일용품이 말도 안되게 비싸서 결국 그 비용이 빚이 되어 4할의 몫은 거의 모두 빚 변제에 쓰이고 있었다. 또 빚이 없어진 경우에도 강제 저금 · 국방 헌금 등의 명목으로 제외되어 실제로 돈을 받지 못하는 경우가 적지 않았다.

『증언』에 의하면, 19명의 조선인 위안부 중 요금을 업자에게 넘겼는데 후에 정산해서 받지 못한 경우가 7명, 요금에 대해 알지 못한다는 사람이 5명, 요금은 업자가 관리하고 있었다고 하는 사람이 4명으로 금전을 받았다고 하는 사람은 단지 3명뿐이었다. 그녀들의 증언에 의하면, 대다수가 보수를 받지 못한 것이다. 필리핀 위안부의 경우 1페소를 받은 적이 있다고 하는 사람이 단 1명 있을 뿐이었다(「訴狀」). 이와 같이 재판을 하고 있는 필리핀의 경우를 보면, 돈을 지불하는 형식을 취하지 않은 감금 윤간의 사례가 많다. 장병도 요금을 지불하지 않는 경우가 많은 것이다.

한편 대만인 위안부의 경우 48명 중 44명이 금전을 받았다고 한다. 금전을 받지 못했다고 하는 사람은 4명이었다(『臺灣報告書』). 이 조사에 의하면, 48명의 위안부 중 가족에게 송금한 사람은 8명이며, 우체국이나 은행에 저금한 사람은 9명이었다.

조선인 위안부의 한 사람인 문옥주(文玉珠, 일본명 : 文原玉珠)의 군사우편 저금원부가 구마모토(熊本) 저금사무센터에 남아 있는 것이 확인되었다. 그녀는 1941년 군위안소를 나왔는데, 1942년에는 돈을 벌어 어머니를 도울 생각으로 응모하였던 것이다(『證言』). 예금액은 1943년 3월부터 1945년 9월까지로 2만 6,145엔으로 그 사이에 이자가 197엔 붙어 있었다(廣崎リュウ, 「従軍慰安婦には返還されない軍事郵便貯金」). 저금액은 월 평균 843엔이었다. 그녀는 이외에 고향의 부모에게 5,000엔을 송금했

다고 한다. 원래 그녀에게는 빚은 없었고 또 전선에 나가는 병사가 대금 이외에 돈을 그녀에게 선물했기 때문에 이 정도의 저금이 가능했던 것이다. 그러나 문옥주는 이 저금을 지금까지 인출할 수 없었다.

또 버마전장의 병사 회고록에는 군표를 들고 일본군의 뒤를 쫓아 산과 들을 헤메는 위안부의 모습이 종종 나오고 있다. 어느 회계 장교는 다음과 같이 기록하고 있다.

> 카로를 나와 긴 산을 넘어가는 길을, 우리 부대 뒤를 좇아 걸어오다가 어느 사이에 또 처져 버린 4~5명의 여자들이 있었다. 그녀들이 일본 군인을 상대로 몸을 파는 것을 생업으로 하여 온 여자들이라는 것은 금방 알 수 있었다. 조선인뿐만 아니라 일본인 여자도 있었던 것 같았다. … 그녀들은 커다란 짐을 둘러메고 있었다. 배낭에 집어넣은 사람, 커다란 보따리로 싸든 사람, 트렁크에 넣어 짊어진 사람, 그 여자들의 무거운 짐 속의 내용물은 커다란 버마군표 다발이었다. 그녀들은 그것을 누구에게도 맡길 수 없는 자기들 것이라 여기고 짐의 그 무게를 견디기 위해 몸을 구부리고 땅을 기듯이 운반하고 있었다(港田芳久, 『ビルマ敗戰記』).

그러나 저금을 하고 있었던 사람은 전후 인플레와 신화폐 교환으로 큰 손실을 보았을 뿐만 아니라 문옥주와 같이 식민지 출신자는 전후 인출할 수도 없었다.

또 군표를 짊어졌던 여성들은 일본의 패전과 함께 그것이 가치가 없어졌기 때문에 모든 것을 잃어버리게 되었던 것이다.

엄격한 감시 속에서

위안부가 군위안소로부터 도망친다는 것은 어려웠다. 업자나 군이 감시하고 있었기 때문이다. 군위안소 밖으로 나가는 것도 간단하지 않았다. 업자는 중요한 수입원인 위안부를 어리석게 놓쳐 버리는 실수는 하지 않았다. 또 군도 위안부는 중요한 '물자'로, 그녀들에 대해서는 "특별히 허가한 장소 이외에 외출하는 것을 금한다"고 명령하고 있었다(前揭, 「常州駐屯間內務規定」, 『資料集』 41).

군위안소 주변에는 감시초소가 세워져 있었다. 예를 들면, 야포병(野砲兵) 제3연대의 어느 대대가 주둔하고 있었던 석하(淅河)에서는 성내의 일각에 일본인 거리와 군위안소가 있었는데, 그 출입구에는 보초가 서 있고 통행이 제한되어 있었다. 또 성외로 나가는 모든 문에도 보초가 서 있었다고 한다(『野砲兵第三聯隊第三中隊湘桂作戰の思い出』).

필리핀의 파나이섬 일로일로시(市)의 군위안소에서는 업자가 위안부의 외출을 '엄중하게 단속'하는 규정이 있었으며, 위안부의 산보에 대해서도 시간은 오전 8시부터 10시까지 두 시간으로 제한하고 산보 구역도 공원을 중심으로 한 블럭으로 제한하고 있었다(『資料集』 70).

국외의 점령지에 연행되어 간 경우 도망은 더욱 어려웠다는 것은 말할 필요도 없다. 상해의 군위안소에서 도망친 적이 있는 조선인 위안부 하순녀(河順女)는 다음과 같이 말하고 있다.

> 상해에 와 약 1년이 지난 겨울, 눈이 내리는 날 위안소를 빠져 나갔습니다. 인력거 종점까지 갔는데 밤이 되었습니다. 도망은 쳐 나왔지만 갈 곳은 없고 말도 통하지 않아 할 수 없이 거기에 주저앉아 잠이 들었습니다. 누구에겐가 붙들려 다시 잡혀 가지 않을까 불안하여 자다깨다 하는 사이에 날이 밝았습니다. 아무리 생각해도 도망갈 곳이 없었습니다. 할 수 없이 위안소의 부엌에 다시 살짝 숨어들었습니다. 밥을 짓고 반찬을 만드는데, 경영자가 먹지 말라고 했습니다. 그래도 앉아서 먹자 도망친 놈이라고 말하면서 격렬하게 때렸습니다(『證言』).

현지 말을 못 하고 풍속 · 습관도 다르기 때문에 곧 발각된다. 또 중국과 같은 전쟁터나 필리핀과 같은 게릴라 활동이 활발한 곳에서는 조선인 위안부는 적으로 간주되어 살해당할 위험이 있었다. 또 가령 주민들 안으로 숨어들어 갈 수 있었다 해도 고향으로 돌아갈 방법이 없었다. 일본군의 지배 지역을 통과하기 위해서는 일본군의 허가가 필요했기 때문이었다.

점령지 주민이 위안부로 강제된 경우는 어떠했을까. 그 전형으로 필리핀 위안부의 경우를 보자(이하 「訴狀」과 필자의 인터뷰에 의함).

마리아 로사 르나 헨손은 1943년 4월부터 다음해 1월까지 루손섬 안헤레스시(市) 중심부에서 약 9개월 간 감금되어 있었다. 그 사이 그녀는 임신해 유산하였다. 감시당하고 있어서 도망치는 것은 곤란하였다. 그녀가 해방된 것은 게릴라가 위안소를 습격했기 때문이었다.

로시타 파칼드 나시노는 1944년 파나이섬 에스탄시아에 있는 어느 제빙공장에 갇혀 있었는데, 하루의 생활은 다음과 같았다고 한다. 7시나 8시경에 일어나 일광욕을 하고 얼굴을 씻은 다음 당번병과 함께 일본 군인의 식사를 만든다. 일본 군인이 식사를 마치면, 식기를 씻고 아침을 먹는다. 쌀 찧기나 청소 · 세탁을 하고 점심까지 끝내면 3시경이 된다. 그때 일본 군인을 상대하도록 강제된다. 저녁이 끝나면 8시경부터 또 병사들이 온다. 위생관리는 좋았고 병사는 콘돔을 사용하고 있었다고 한다. 그러나 복도에는 감시하는 남자가 있었으며 창문은 작아 도망칠 수가 없었다.

아모니타 바라하디아는 1942년경 이사베라주 산차고의 수비대로 연행되어 감금 · 강간당했다. 그때 반항하여 얻어맞아 왼쪽 귀에서 분비물이 나온 후 잘 들리지 않게 되었다. 방에는 간이침대와 책상 · 타자기가 있었는데, 장교는 침대에서 자고 그녀는 마루에서 잤다. 약 1주일 후 장교가 자는 사이 거기에서 빠져 나와 철조망을 넘어 기다시피 해 어머니 집으로 돌아왔다고 한다.

이것은 장교 전용 위안부로 감금된 경우일 것이다.

경제적 · 정신적 구속

식민지 출신 위안부의 경우 가불금으로 채무 노예 상태가 되어 있는 것도 도망칠 수 없는 이유의 하나였다. 군은 위안부의 빚을 없애도록 업자들을 지도하고 있었다. 그러나 업자가 위안부에게 투자한 빚의 이자, 병으로 쉴 때 수입 손실을 빚으로 집어넣거나 의복 · 화장품 등을 말도 안되게 비싼 가격으로 사게 하는 등, 빚을 가중시키는 것에 대해서는 군은 개입하지 않았다. 예를 들면, 군의관 나가사와(長澤健一) 대위는 빚이 있는 위안부에게는 금전은 한 푼도 건네지지 않았다고 하면서 다음과 같이 말하고 있다.

> 따라서 위안부의 일상용품은 업주나 카운터에서 꾸는 것으로 되어 있었다. 이러한 빚은 장부에 기입되지 않기 때문에 그것을 갚는 방식은 예를 들면 업주는 10명의 손님을 받으면 형식상 8명이라고 보고하고 2명분의 대금으로 높은 이자를 붙여 변제시킨다. 거기까지는 병참도 감독의 눈이 닿지 않기 때문에 사실상 눈 감고 아웅하는 상태였다(『漢口慰安所』).

이와 같은 부채 상태는 위안부의 정신을 구속하고 행동을 제한하고 있었다. 또 계약 기간이 있는 위안부의 경우 시간이 지나

빚을 갚으면 귀국할 수 있는 것이 당연한데도, 교통 수단이 없기 때문에 단념하지 않으면 안되는 위안부도 적지 않았다. 예를 들면, 1943년 6월 버마의 제15군사령부는 빚을 전부 갚은 사람의 귀국을 인정하여 그중 일부는 귀국할 수 있었지만, 제114연대의 조선인 위안부들은 전황(戰況)을 이유로 귀국이 인정되지 않았다. 조건을 채웠기 때문에 귀국을 희망한 어떤 위안부는 '설득당해 잔류하게' 되었다고 한다(前揭, 「心理戰尋問報告」 제2号, 『資料集』 100).

고통으로부터 도피하기 위한 마약의 상용

군위안소의 이상한 생활 속에서 육체적인 고통이나 정신적인 괴로움으로부터 도피하기 위해 마약에 의지하게 되는 위안부도 적지 않았다. 어느 위생병 중사는 1944년 화북(華北)에서 군을 쫓아 형양(衡陽) 전선지구에 온 조선인 위안부로부터 다음과 같이 들었다.

> (조선)반도에서 주선인이 바람을 넣어 군 위안이라고 하여 춤추고 노래하여 위안하면 될 것으로 생각하였고 또 주선인도 그렇게 말했다. 그래서 중국에 건너 왔는데 '손님을 받아라'고 한다. '손님을 받아라'는 말이 무슨 의미인지도 모르고 손님이 있는 곳으로 갔는데, 단번에 강간을 당하고 말았다. 그때부터는 자포자기였다. 차례로 일을 치러냈다. 아니 계속해서 군인이 몰려오기

때문에 일을 치러내지 않으면 안되었다. 바쁠 때는 천장을 보고 누워서 주먹밥을 먹으며 다리를 벌리고 있으면 군인이 차례로 와서 타고는 돌아가고 타고는 돌아간다. 아프다든가 어떻다든가 하는 상태는 이미 지나가 버려 하반신이 마비되어 전혀 감각이 없어진다. 일어서는 것도 간신히 일어난다. 겨우 때가 지나면 아랫도리가 붓고 배는 부풀어 아파서 하루 종일 진통이 있다. 2~3일 쉬면 좋아진다는 것을 알고 있지만, 계속해서 차례로 군인들이 오기 때문에 쉴 틈이 없다. 정말 생지옥이라는 것이 이것이다(川崎正美, 『患者輸送第八十九小隊』).

고통 때문에 이 위안부는 마약을 상용하게 되었는데, 화중(華中)으로 이동해 가니까 마약 박멸을 목적으로 하는 중국측의 신생활 운동 영향으로 마약을 구할 수가 없었다. 그래서 의료실에 와 모르핀 주사를 부탁했던 것이다. 의무실에서는 '군을 위해 나름대로의 역할을 하고' 있다는 이유로 주사를 놓아주었다고 한다.

1941년 11월 어느 위생병은 위안부의 부탁을 받고 군의 모르핀을 가져가려고 하다가 붙잡혀 중영창 30일의 처벌을 받았다(前揭, 『陸軍軍人軍屬非行表』). 또 12월에 붙잡힌 어느 위생 중사는 알고 지내던 위안부로부터 부탁을 받고 5월 이후 십여 회에 걸쳐 모르핀 주사액을 가져 갔었다고 한다(第11軍司令官阿南惟幾, 「特別報告提出の件」).

위안부에게 성병 전염

정기적인 성병 검사에도 불구하고 위안부가 성병에 걸릴 가능성은 높았다. 전력이 매춘부가 아닌 위안부는 당연히 거의 성병에 걸려 있지 않았다. 그녀들은 군위안소에서 군인으로부터 성병에 전염된 것이었다. 『증언』에 의하면, 19명의 위안부 중 7명이 성병에 감염되었다고 한다.

제15사단이 1943년 3월에 남경(南京) · 무호(蕪湖) · 금단(金壇) · 진강(鎭江) · 소현(巢縣) · 표수(漂水)에서 행한 위안부 검진 결과에 의하면, 불합격자는 일본인 2.5%, 조선인 4.6% , 중국인 11.0%였다(『資料集』 60).

합격이라고 해도 꼭 성병에 걸리지 않았다는 뜻은 아니다. 성병에 걸려 있어도 가볍다면 영업시키는 경우가 적지 않았기 때문이다. 산부인과가 전문인 어느 군의관은 아시아 · 태평양전쟁시의 중국에서는 균이 없는 위안부는 거의 없기 때문에 가벼운 증상을 가지고 있는 자는 '장병에게 방독구(콘돔)를 사용시키는 조건으로' 치료하면서 영업시키고 있었다고 말한다(今西義則, 『軍醫の手記』). 해남도(海南島)의 경산(瓊山)에서 위안부가 순회하여 왔을 때의 성병 검사에서 담당한 군의관 두 사람은 부인과 담당이 아니었기 때문에 검사는 "완전히 형식적인 것으로 전원 합격"으로 했다고 한다(堀江, 前揭書). 1943년 4월 회음(淮陰)에서 성병 검사를 했던 하라(原徹) 육군 위생부 견습사관은 9명의 위안부 중 1명만을 불합격으로 했는데, '검미성적표(檢黴成績表)'

에는 "합격한 자도 예방법을 꼭 실시해야 한다"고 하여 주의를 촉구하고 있다(『資料集』 61).

병사의 성병 검사는 있어도 월 1회 정도였고, 장교나 하사관은 성병에 걸려도 감추는 경우가 많았다는 것은 이미 지적한 바 있다. 이렇게 해서 군위안소를 매개로 장병과 위안부 중에 성병이 확대되어 갔던 것이다. 군인으로부터 성병을 옮겨 받는 것은 위안부들에게는 끔찍한 일이었다. 더구나 언제 죽을지 모르기 때문에 성병에 걸려도 대단한 것은 아니라며 콘돔을 사용하지도 않고 습격해 오는 군인들도 적지 않았다. 문필기(文必璂)는 "콘돔을 사용하지 않으면 상관에게 이르겠다고 위협해 보기도 하고 성병이 걸리면 서로 좋지 않으니까 콘돔을 사용해 달라고 설득도 해 보기도" 했다. 문옥주(文玉珠)는 콘돔을 사용하지 않는 군인에 대해서는 "그 군인의 다리 사이를 발로 차서 거부하거나 그래도 말을 안 들으면 헌병에게 신고"했다고 한다(『證言』). 위안부들은 성병에 전염될 위협에 일상적으로 노출되어 있었던 것이다.

병사(病死) · 자살 · 동반 자살의 강요

군위안소에서의 생활 때문에 목숨을 잃은 위안부도 적지 않았다. 하남성(河南省)에 있던 어느 특무 기관원은 1941년 하남 작전에서 "자반병(紫斑病)으로 죽은 한국인 위안부를 황하의 방제 위에서 화장시킨 경험이 있다"고 말하고 있다(荒木虎雄, 『北

支那逃避行』). 1944년 봄 화북성(華北省)에 파견된 어느 이등병은 거기에서 위안부의 죽음을 목격하고 다음과 같이 읊고 있다(渡部良三, 『歌集 小さな抵抗』).

짐꾼이 메고 가는 관을 보고 물으니 위안부가 급사했다고 한다.

이영숙(李英淑)에 의하면 함께 광동(廣東)에 끌려간 그녀의 친구 위안부는 1년 후에 병으로 죽었다. 하순녀(河順女)가 있었던 상해 군위안소에서는 평양 출신 위안부가 아편 중독으로 사망했다고 한다. 문옥주(文玉珠)는 만다레에서 아캬브로 가는 도중에 선배 위안부가 폐렴에 걸려 사망했다고 증언하고 있다.

많은 위안부가 군위안소 생활에 절망하여 자살을 기도했다. 김덕진(가명)은 "일본 군인이 중국 여자를 위안부로 잡아 왔지만, 도망쳐 자살하는 여자가 많았다"는 이야기를 상해 군위안소에서 듣고 있다. 그녀는 몸이 고달플 때 죽으려고 몇 번이나 생각했지만 할 수 없었다고 한다. 버마 랭군의 군위안소에 있던 이용녀(李用女)는 소주와 아편을 마시고 자살한 위안부가 있었다고 말하고 있다. 그 시체를 장작 위에 놓고 태울 때 군은 위안부를 모아 놓고 그것을 구경시켰다고 한다.

살아서 귀국하는 것이 가능했던 위안부 자신도 군위안소에 구속되어 있는 가운데 종종 자살을 시도하고 있다. 문옥주는 지원해서 버마에 갔지만, 아캬브에 있을 때 자신의 신세가 덧없어

술을 마시고 3층에서 몸을 던져 중상을 입었다. 인도네시아 쿠타라자의 군위안소에 있던 이득남(李得南, 가명)은 약을 마시고 죽으려 하였으나, 눈앞에 어머니의 얼굴이 떠올라 죽지 못했다고 한다(이상 『證言』).

절망한 군인이 위안부에게 동반 자살을 강요한 적도 적지 않았다. 제13사단장 우치야마(內山英太郎) 중장의 보고에 의하면, 선창(宣昌)의 군위안소 '일력(一力)'의 조선인 위안부와 장래 동거할 것을 염원하고 있었던 어느 병사〈니가타(新潟)에 아내가 있었다〉는 1942년 3월 이 여성에게 군위안소를 나와 요리집으로 옮길 것을 요구했으나 거절당했다. 그래서 그는 억지로 동반 자살하자고 권총을 발사하여 위안부에게 중상을 입히고 자살했다(「特別報告中軍人變死の件」). 또 송신도(宋神道)는 알고 지내던 병사에게 동반 자살을 강요당해 옆구리를 찔린 적이 있다고 한다(前掲, 『皇軍慰安所の女たち』). 위안부에게 동반 자살을 강요하는 군인은 칼을 뽑아 폭행하는 군인과 같이 공포스러운 존재였을 것이다.

이상과 같은 환경 속에서 군위안소 여성들은 매일 일본군 장병으로부터 계속해서 성적 봉사를 강요당하고 있었다. 일본군은 이러한 여성들을 대량으로 데리고 있으면서도 그녀들을 보호하기 위한 어떠한 군법도 만들지 않았던 것이다. 사실상의 성적 노예 제도인 일본 국내의 공창제에서도 18세 미만의 여성의 사역

금지, 외출 · 통신 · 면접 · 폐업 등의 자유를 인정하고 있었는데, 이 정도의 보호 규정조차 없었다. 종군위안부란 군을 위한 성적 노예 그 이상도 그 이하도 아니었던 것이다.

제Ⅴ장

국제법 위반과 전범 재판

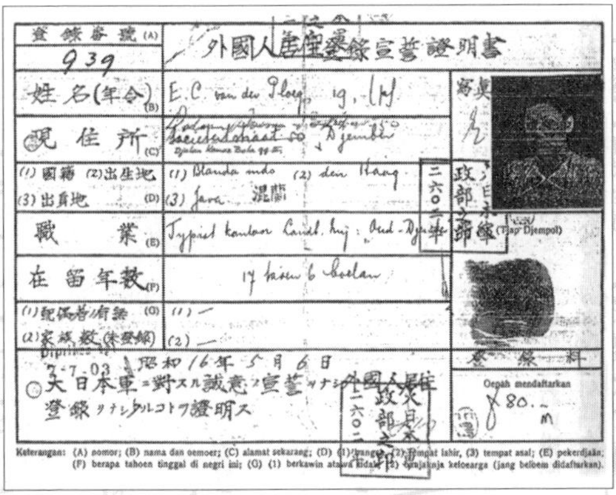
外國人居住登錄宣誓證明書

登錄番號 (A) 939

姓名(年令) (B) E. C. van der Ploeg, 19, (P)

現住所 (C)

(1) 國籍 (2) 出生地 (3) 出身地 (D) (1) Blanda indo (2) den Haag (3) Java 混蘭

職業 (E)

在留年數 (F) 17 taoen 6 boelan

(1) 配偶者ノ有無 (2) 家族數(未登錄) (G) (1) — (2) —

昭和16年5月6日 大日本軍ニ對スル誠意ノ宣誓ヲナシ外國人居住登錄ヲナシタルコトヲ證明ス

(Tjap Djempol)

Oepah mendaftarkan ƒ 80.-

Keterangan: (A) nomor; (B) nama dan oemoer; (C) alamat sekarang; (D) (1) bangsa, (2) tempat lahir, (3) tempat asal; (E) pekerdjaän; (F) berapa tahoen tinggal di negri ini; (G) (1) berkawin atawa tidak, (2) banjaknja keloearga (jang beloem didaftarkan).

일본군이 발행한 판 델 프로그의 외국인 거주등록 선서증명서.
그녀는 나중에 매춘을 강요당한다.
또 「쇼와(昭和) 16년(1941)」이라고 된 것은 「쇼와 17년(1942)」의
착오이다.

1. 식민지 · 점령지 여성이 위안부가 된 이유

제V장에서 다룰 과제

지금까지 살펴본 자료에서 확인된 바와 같이 종군위안부를 민족별로 보면, 조선인의 비중이 가장 높고 이에 못지않게 대만인을 포함한 중국인이 많았다. 그리고 인도네시아를 비롯한 동남아시아 · 태평양 지역의 여성이 그 다음으로 많았다. 일본인도 결코 적지는 않았으나, 그래도 식민지 · 점령지 여성의 비율이 훨씬 높았다. 이것은 무엇을 의미하는 것일까.

먼저 생각해 보아야만 하는 것은 식민지 여성의 비율이 높은 점이다. 점령지인 중국이나 동남아시아 여성들이 '현지 징집'이었던 것에 비해 조선 · 대만의 여성들은 조선 · 대만 · 일본에서 모아져 일부러 배편 등으로 전지(戰地)에 보내진 것이었다. 그것은 정부나 군의 정책 없이는 생각할 수 없는 일이었다. 김일면(金一勉)은 조선인 여성의 비율이 높은 것은 "(조선 민중의) 민족독립 의욕을 좌절시키고 압살하기 위한 근본책"의 하나로서 젊

은 미혼 여성을 '군대 창부'로 만들어 '민족의 소멸'을 기도했기 때문이라고 한다(『天皇の軍隊と朝鮮人慰安婦』). 저자는 일본이 조선인의 절멸(絶滅)을 목적으로 '민족말살' 정책을 취했다는 설에는 동의할 수 없지만, 고유의 성명을 빼앗고 일본식 성명을 강제한 창씨개명, 학교 교육에서의 일본어 강제, 황국 신민의 서사의 강제 등 '민족성 말살' 정책을 취한 것은 사실이다(단 '민족성 말살' 정책의 하나로서 위안부 정책이 실행되었는지의 여부는 이론의 여지가 있다). 어쨌든 식민지 여성이 위안부로 강제된 근저에는 민족 차별이 있었고 그것이 여성을 노예화하는 것이며, 얼마나 민족적인 굴욕을 주는 것인가에 대한 고려가 전혀 없었다는 것은 확실한 것이다. 그리고 또 하나 간과할 수 없는 이유는 국제법상의 문제였다.

이 장에서는 주로 위안부 징집에 관계된 당시의 국제법을 점검하면서 그 관점에서 위안부 문제의 본질을 생각해 보고 싶다. 또한 전후 BC급 전범 재판에서 추급(追及)된 네덜란드인 위안부 문제에 대해 언급해 두고자 한다. 또 점령지 여성이 징집된 배후에는 인종 차별 · 민족차별이 있었다는 것은 두말할 필요도 없지만, 그 차별의 표현 방법의 차이점에 대해서도 국제법과 관련해서 검토해 보기로 하자.

정부의 의도를 나타내는 문서

제III장에서 인용한 「중국 도항 부녀의 취급에 관한 건」(1938

년 2월 23일, 『資料集』 5)은 식민지 여성을 위안부로 삼는 이유를 명시하는 것으로서, 또 정부가 국제법을 어느 정도 의식하고 있었는가를 보여 주는 문서로서 중요하다. 다시 한 번 관련 부분을 인용해 보자. 앞에서 언급한 대로 이것은 내무성 경보국장이 각 지방 지사에게 보낸 것으로 군인 상대로 '추업(醜業 : 매춘)'을 목적으로 하는 여성의 중국도항에 대해 지시한 것이었다.

> 이들(매춘을 목적으로 하는) 부녀의 모집, 주선 등의 단속을 적절하게 하지 못하면 제국의 위신이 손상되고 황군의 명예를 훼손시키는 것에 그치는 것이 아니라 총후국민(銃後國民 : 후방국민) 특히 출정 병사 유가족에게 좋지 않은 영향을 미침과 동시에 부녀 매매에 관한 국제 조약의 취지에도 어긋남이 없도록 하는 것이 어려워 …이것의 취급에 관해서는 다음 각 호에 준거(準據)하도록 제삼 통첩하는 바이다.

이 뒤에 현재 매춘부이며 21세 이상인 여성으로 성병 등의 질환이 없는 자에 대해 화북 · 화중에 한해 도항을 묵인한다는 규정이 이어진다. 여기에서 주의할 것은 "총후국민(銃後國民) 특히 출정병사 유가족에게 좋지 않은 영향을 미칠 수 있다"는 지적과 "부녀 매매에 관한 국제 조약의 취지에도 어긋남"이라는 대목이다.

전자는 일본으로부터 매춘부가 아닌 일본인 여성이 위안부로 중국에 보내지면 국민 특히 출정병사를 보내고 있는 가족에게 심각한 영향을 미친다는 것이다. 또 출정병사의 누나, 여동생, 아내나 알고 있는 여성이 위안부가 되어 전지(戰地)에 오는 사태가 생긴다면, 국가나 군에 대한 병사의 신뢰감도 붕괴할 것이다. 위안부 징집이 그러한 심각한 문제를 내포하고 있는 것을 내무성은 내무성대로 파악하고 있었던 것이다. 이렇게 해서 일본으로부터의 위안부 징집은 극히 제한된 범위에서 이루어졌다.

이것은 역으로 말하면 일본인이 아니라면 또는 일본 밖에서라면 그러한 고려를 할 필요가 없다고 일본 정부가 생각하고 있었다는 것을 의미한다. 조선인이나 대만인이라면 상관없다고 생각했던 것이다. 이 통첩이 조선이나 대만에는 통첩되지 않았다는 점에서 그 본질이 나타나 있다.

여기에는 명백한 민족 차별이 존재하고 있다. 그리고 이 차별은 1925년까지 시행되고 있었던 일본 정부의 빠져 나갈 구실 만들기와 관련되어 있었다.

부인 · 아동의 매매를 금지하는 국세조약

경보국장이 말하는 「부녀 매매에 관한 국제조약」이란 무엇을 가리키는가. 부인 · 아동 매매금지에 관한 국제조약은 당시 다음의 4가지가 있었다.

A : 「'추업'을 시키기 위한 부녀 매매 단속에 관한 국제협정」(1904년)

B : 「'추업'을 시키기 위한 부녀 매매 단속에 관한 국제조약」(1910년)
C : 「부녀 및 아동의 매매 금지에 관한 국제조약」(1921년)
D : 「성년 부녀자의 매매 금지에 관한 국제조약」(1933년)

일본은 1925년 A · B · C 3개의 조약에 가입하고 있었다(D는 비준하지 않음).

어떤 것이 규정되어 있었는가를 B의 예를 들어 살펴보자.

제1조 : 누구인가를 불문하고 타인의 욕정을 만족시키기 위해 '추업'을 목적으로 하여 미성년인 부녀를 권유, 유인하거나 또는 유괴한 자는본인의 승낙을 얻었다고 할지라도 …처벌받아야 한다.

제2조 : 누구인가를 불문하고 타인의 욕정을 만족시키기 위해 '추업'을 목적으로 사기에 의해 또는 폭행, 협박, 권력 남용, 기타 일체의 강제 수단을 갖고 성년인 부녀를 권유 유인하거나 또는 유괴한 자는 … 처벌받아야 한다.

즉 미성년 여성의 경우는 본인의 승낙이 있고 없음에 관계없이 매춘에 종사시키는 것을 전면적으로 금지하고 성년이라도 사기나 강제적 수단이 개입되어 있으면 형사 처벌을 받는다고 규정하고 있는 것이다. 이 조약에 서 미성년의 규정은 B에서는 20세 미만, C에서는 21세 미만으로 되어 있다. 일본 정부는 당초 미성년을 만 18세 미만으로 한다는 보류 조건을 붙여 조약에 가

입했지만, 1927년 이 보류 조건을 철폐하였다. 따라서 일본에서도 군위안소가 만들어지기 시작했을 때에는 미성년이란 21세 미만으로 되어 있었던 것이다.

경보국장이 만 21세 이상의 매춘부에 한정한다고 지시한 것은 국제법상 당연한 것이었다. 그리고 교묘한 도망 구실로 이용한 것이 식민지 등을 적용 제외 지역으로 규정한 것이었다.

국제법 상의 도망 구실

이 국제조약에는 이것을 식민지 등에 적용하지 않아도 좋다는 규정이 있었다.

식민지 등에 대해서 1910년 조약은 실시할 경우 문서를 가지고 통고한다고 정하고(제11조), 1921년 조약은 적용을 제외하는 경우는 이것을 선언할 수 있다(제14조)고 되어 있었다. 일본 정부는 이 규정을 이용해서 이 조약을 조선 · 대만 등에는 적용하지 않는 것으로 하였던 것이다. 즉 명백히 다른 취급을 하고 있었던 것이다.

이렇게 해서 일본 정부와 군은 조선 · 대만에서의 여성 징집에는 국제법상 아무런 제한이 없다고 하여 조선과 대만을 위안부 공급지로 삼았던 것이다. 그리고 무엇보다 조선인 여성이 위안부 징집 대상이 되었다. 그것은 조선의 인구가 대만보다 몇 배 많고 나아가 중국이 일관된 주요한 전장이었기 때문에 중국인의 동포인 대만인보다는 조선인이 위안부로 삼기에 보다 바람직하다고 생각했기 때문이라고 보인다.

전시 국제법 등 국제법의 제한이 없다고 판단해서 위안부를 징집한 것은 점령지에서도 마찬가지였다. 이렇게 해서 매춘 경험이 없는 여성이나 미성년인 여성이 조선 · 대만에서도, 중국 · 동남아시아 · 태평양 지역에서도 다수 징집되었던 것이다.

그럼 일본 정부나 군은 국제법을 위반하지 않았다는 말일까.

2. 국제법에서는 무엇이 금지되어 있었는가

부인 · 아동의 매매 금지조약

종군위안부 제도가 저촉하는 국제법은 적지 않다. 여기에서는 국제법에서 당시 무엇이 금지되고 있었는가, 어떠한 행위가 국제법에 위반되는가를 살펴보기로 하자. 여기에서는 이 문제를 정면에서 취급한 국제법률가위원회〈ICJ : 유력한 NGO(비정부기관)의 하나〉의 종군위안부에 관한 최종 보고(Comfort Women : An Unfinished Ordeal)와 국제법학자 아베(阿部浩己)의 연구 「군대 위안부 문제의 법적 책임」 등을 참조한다.

먼저 앞에서 본 부인 · 아동의 매매 금지에 관한 4가지의 국제조약부터 검토해 보자. 이 조약들은 여성의 인권을 보호하자는 국제적 분위기 속에서 성립된 것이었다. 여성이나 아동의 인권을 지킨다는 점에서는 아직 많은 제약이 있었으며 불충분한 것이었으나, 그럼에도 불구하고 매춘을 위한 인신 매매와 인신 구속이 횡행하고 있던 당시의 일본에서는 매춘 업자를 공황 상태로 몰아 넣을 수 있을 정도의 의미를 가지고 있었다. 가입에 있어 일본이 붙인 유보 조건은 이것과 관계가 있었다. 다시 한 번 확인해 보자.

하나는 미성년자의 연령 규정이다. 1921년 조약에서 만 21세 미만으로 되어 있었던 것에 만 18세 미만으로 한다는 유보 조건을 붙인 것은 일본 내 공창제에서는 18세부터 창기업을 인정하고 있었기 때문이었다. 국내 매춘 업자들을 배려한 조치였던 것이다. 그러나 이 유보는 가입 여부를 검토하는 추밀원 심사보고에서 도미(富井政章) 심사위원장으로부터 "제국의 체면을 생각해 볼 때 본관 등은 너무나 유감스러운 점이 있다"고 준엄하게 비판당했다(『樞密院會議議事錄』 第38卷). 그래서 정부는 1927년 이 유보를 철폐했던 것이다.

또 하나는 말할 것도 없이 이 조약을 식민지 등에 적용하지 않는다는 것이었다. 정확히 열거하면 조선 · 대만 · 관동조차지 · 사할린 · 위임통치령 남양군도였다. 이에 대해 추밀원에서는 장래 필요가 없어지면 철회할 것을 원한다는 심사보고가 있을 뿐으로 강한 비판은 나오지 않았다.

그렇다면 식민지 등에서의 연행은 국제법상 완전히 자유였던 것일까. 이 점에 대해 아베는 조선인 위안부 대부분은 조선으로부터 철도로 이송되는 경우는 일본 선박으로 이송되었다. 유괴 등의 행위의 기점이 식민지였다고 해도 일본 선박은 "국제법적으로는 일본의 본토로 간주하는 것이 가능하기" 때문에 조약은 적용된다고 보아야 한다고 지적한다. 대만으로부터의 이송은 물론 선박 이외는 생각할 수 없다(만일 일본 비행기로 이송되었다고 하더라도 비행기도 일본 본토로 간주된다). 아베는 또 징집 지령을 육군 중앙이 내린 경우 "(권유 등의) 행위가 실은 일본 본토에서 실행되고 있었다고 해석하는 것도 불가능한 것은 아니다"고 말하고 있다. 그러한 행위가 행해지고 있는 것을 육군 중앙이 알고 있어 그것을 인정하고 있다는 것이 요건이 된다. 그렇다면, 육군성 부관 통첩 「군위안소 종업부 등 모집에 관한 건」(『資料集』 6)이 내려진 1938년 3월 4일 이후는 식민지에서의 행위에도 적용되는 것이다.

ICJ의 견해는 보다 엄격하다. 즉 식민지 등에 대한 적용 제외를 인정하고 있는 1921년 조약 제14조의 규정은 식민지 등에 남아 있는 지참금 · 신부값의 지불 등의 관행을 즉각 일소할 수는 없기 때문에 삽입된 것이었다(조선에는 그러한 관행은 없었다). 조약의 의도는 매춘을 위한 여성 연행을 촉진하는 것이 아니었기 때문에 "조선 여성에게 가해진 처우에 대해 그 책임을 회피하기 위해 이 조문을 적용하는 것은 불가능하다"고 주장한다. 또 조선에서 배로 보낼 경우 한 번은 일본에 상륙했다고 말하는 위안부가 적지 않게 있다는 점도 지적하고 있다.

어쨌든 조선 · 대만으로부터 이송된 여성들에게는 이 조약은 적용되지 않는다는 해석은 성립되지 않는다.

강제 노동에 관한 조약

ICJ는 위안부에게 강요된 행위를 '노무(勞務)'로 간주하는 것에는 신중할 필요가 있다는 입장에서 강제 노동에 관한 조약(ILO 29호 조약 · 1930년 체결)에 대해서는 언급하지 않고 있다. 그러나 아베는 '노무'란 정확하게는 "모든 노무 및 서비스"라고 되어 있는 점을 고려하여 일부러 '노무'로 간주하면서 이 조약을 위반하고 있다고 지적한다

일본은 1932년 10월 이 조약을 비준했다. 이 조약에서는 강제 노동이란 "처벌의 위협 아래 강요된" 일체의 노무를 가리킨다고 되어 있다. 그리고 병역 · 징역 등 특정한 노무를 제외한 강제 노동을 완전히 폐지할 것을 의무화하고 있으며 폐지에 이르는 과정에서 예외적으로 인정되는 강제 노동은 이 조약이 규정하는 보장을 동반하지 않으면 안되었다. 예외로 인정되고 있었던 것이라도 "추정 연령 19세 이상 45세 이하의 건장한 성년 남자만 강제 노동에 징집시킬 수 있다"(제11조)는 조건이 붙어 있어, 여성을 강제 노동에 종사시켜서는 안되었다. 또 노동 기간 · 노동 시간의 제한, 보수의 보장, 노동 재해에 대한 보상, 건강의 유지 등을 규정하고 있었다. 종군위안부 제도는 명백히 여성을 강제 노동에 종사시키고, 더구나 "상응하는 보수도 노동 재해 보상도 건강면에서의 서비스도" 제공하지 않고 시킨 것으로 조약 위반

이라고 말하지 않을 수 없다고 한다. 아베에 의하면 관계자의 처벌을 행하지 않은 것도 또한 국제법 위반이었다.

노예제의 폐지

노예 조약이 체결된 것은 1926년이다. 일본은 이 조약을 비준하지 않았기 때문에 이 점에 한에서는 일본은 이 조약에 구속되지 않는다고 말할 수 있을 것이다.

그러나 ICJ는 20세기 초두에 "관습 국제법이 노예 관행을 금지하고 있었던 점, 그리고 모든 나라가 노예 거래를 금지할 의무를 지고 있었던 것은 일반적으로 받아 들이고 있었다"고 말하고 있다. 또 국제 연맹 규약이 노예의 적극적 해방을 행하고 노예 거래를 금지하며 강제노동을 금지하도록 각국에 의무화하고 있는 점(제22조 제5항) 등으로부터 이 조약은 관습 국제법의 선언이라고 보는 것이 일반적이다. 그렇다면, 아베도 지적한 바와 같이 조약의 기본적인 부분은 "관습 국제법을 표현한 것으로서 당시 이미 이 조약의 비체결국인 일본을 포함하여 모든 나라를 구속하고 있었다고 생각할 수 있다"는 것이 된다. 즉 소유물과 동일한 상태에 둘 의사를 가지고 개인을 포착(捕捉) · 취득 또는 처분하고 노예를 거래하거나 또는 운송하는 것은 금지되어 있었던 것이 된다.

아베는 나아가 이 관습 국제법이 금지하고 있는 노예제에는 '채무노예'도 포함되어 있다는 해석을 시사하고 있다. ICJ의 최종 보고를 기초한 남오스트레일리아 프린더스대학의 우스티니아 돌고폴도 필자의 질문에 대답하여, 당시는 이미 일본을 포함한 소위 '문명국'에서는 채무노예제를 포함한 모든 노예제를 폐지할 의무를 지고 있었다고 말했다(1994년 3월 15일 ICJ 보고서 검토회). 그렇다면 인신 매매를 당하는 등 가불금에 의해 구속되어 있었던 경우도 국제법 위반이라고 말하지 않을 수 없는 것이다.

헤이그 조약의 규정

육전(陸戰)의 법규 관례에 관한 조약(헤이그 조약)은 1907년에 체결되어, 일본은 1911년 11월에 비준되었다. 그 부속서(附屬書)인 「육전의 법규 관례에 관한 규칙」 제46조는 점령지에서 "가문의 명예 및 권리, 개인의 생명, 사유재산" 등의 존중을 요구하고 있다. ICJ는 이 조약에는 모든 교전국이 가입하지 않으면 적용되지 않는다는 총가입 조항이 있기 때문에 직접적으로는 적용되지 않지만, 제46조는 관습 국제법을 반영한 것이라고 말하고 있다. 그리고 '가문의 명예'란 "강간에 의한 굴욕적인 행위를 당하지 않는다는 가족에게서의 여성의 권리"를 포함하고 있다고 하며, '개인의 생명' 존중이란 생명만이 아니라 "인간으로서의 존엄"을 포함하고 있다고 지적하고 있다.

아베도 이 규정은 관습 국제법을 성문화한 것으로 총가입 조항에 관계없이 일본을 구속하고 있다고 파악하며 여성은 전시에서 "강간이나 강제적 매음"으로부터 보호를 약속받고 있다고 말하고 있다. 이 관습국제법은 점령지 주민을 보호하는 것으로 식민지 여성에게까지는 적용되지 않지만 이것을 위반하는 것은 문자 그대로 전쟁 범죄가 된다.

인도에 대한 죄

인도(人道)에 대한 죄라는 개념은 제1차 세계대전 후 독일과 강화 조약을 체결하는 과정에서 이미 나타났다. 그것이 실정화(實定化)되는 것은 제2차 세계대전 후에 열린 뉘른베르크 국제군사재판소 조례였다. 그리고 그것을 극동 국제군사재판소 조례에서도 받아들였다. 그 제5조는 인도에 대한 죄를 "전전(戰前) 또는 전시중에 일어난 살인, 섬멸, 노예적 학사(虐使), 추방 기타의 비인도적 행위" 또는 "정치적 혹은 인종적 이유에 기초한 박해 행위"라고 정의하고 있다. 그것은 통상적인 전쟁 범죄에 한정되지 않는 비인도적 행위를 말하는 것으로, 전쟁중이나 전지(戰地)에서의 범죄에 한정되지 않는다. 그러나 극동 국제군사재판에서는 인도에 대한 죄로 처벌된 사람은 한 사람도 없었다. 그것은 일본이 그러한 범죄를 범하지 않았기 때문이 아니라, 구미의 검찰관 · 재판관은 일본이 다른 아시아인에게 범한 대규모의 범죄를 직시하려고 하지 않고 추급(追及)하려는 의사도 갖지 않았기 때문이라고 생각한다.

일본은 1951년 샌프란시스코 평화조약 제11조에서 "극동 국제군사재판소 및 일본 국내 및 국외의 다른 연합국 전쟁 범죄 법정의 재판을 수탁(受託)"하고 있다. 즉 인도에 관한 죄의 정의를 수탁했던 것이 된다(ICJ 보고). 또 뉘른베르크 국제군사재판소 조례 · 극동 국제군사재판소 조례와 그 판결에서 인정된 국제법의 제원칙은 제1회 국제연합 총회에서 전회원 일치로 확인되었다(阿部 論文). 이것은 인도에 대한 죄에 의거하여 1945년 이전의 행위를 묻는 것이 정당성 · 합법성이 있다는 것이 될 것이다.

국가가 행한 일의 책임

마지막으로 다시 한 번 부인 · 아동의 매매 금지조약으로 돌아가자.

4개의 조약군 중에서 일본은 1933년 조약을 비준하지 않았지만, 여기에는 가령 성년 여성으로 본인의 동의가 있었다고 하더라도 매춘을 위해 그 여성을 연행하는 것은 범죄라고 규정되어 있었다. 이것은 그러한 국제적 합의가 성립되어 있었다는 것을 나타내는 것이며, 일본 정부도 내용에는 이의가 없다고 회답하였던 것이었다. 비준하지 않았던 가장 큰 이유는 국내법에 대응할 수 없었기 때문이었다고 한다. 일본 정부는 이 조약에 구속되지 않는다 하더라도 국제적인 움직임은 충분히 숙지하고 있었던 것이다.

그렇다고 해도 이들 조약군은 민간 업자가 여성에게 매춘을 강요하는 것을 단속하기 위해 체결된 것이었다. 그런데 국가가 이것을 위반하는 주체가 되어 더구나 여성을 군관계 공무원(군인 · 군속)에 한정하여 제공하기 위해 위반을 행했다는 것은 있어서는 안되는 일이었다. 군이나 정부가 적극적으로 위안부를 계속해서 송출한 것 자체가 부끄러워해야 할 행위였다.

3. 네덜란드인 위안부 문제 —스마란 위안소 사건의 진상

사건의 경과(1)

위안부 징집이 전후 전쟁 범죄로서 문제화되어 관계자가 전범으로 재판을 받은 사건으로 자바섬 스마란 위안소 사건이 있다. 이것에 대해 살펴보기로 하자.

이것은 네덜란드령 인도(인도네시아)에서 많은 젊은 네덜란드인 여성을 위안부로 삼아 전후 네덜란드에 의해 BC급 전범재판으로 심판된 사건이다. 그 자세한 것은 오늘날까지 거의 알려져 있지 않았지만, 1992년 8월 30일 재판 자료를 입수한 『아사히신문(朝日新聞)』이 이를 상세히 보도하였다(제1보는 7월21일). 또 네덜란드 정부는 자료를 공개하지 않는 대신에 1994년 1월 24일 자료 조사에 근거하여 「일본 점령하 네덜란드령 동인도에 있어서 네덜란드인 여성에 대한 강제 매춘에 관한 네덜란드 정부 소장 문서 조사보고」라는 제목으로 보고서를 발표하였다(이하 「네덜란드 정부 보고서」라고 약칭한다). 여기서는 「스마란 위안소 사건 관계 재판 자료」(아사히신문사 제공, 이하 「재판 자료」라고 약칭)와 「네덜란드 정부보고서」에 근거하여 사건의 경과를 알아보고 재판의 의미를 검토한다.

1944년 1월 자바섬 중부에 있는 한 주의 중심지인 스마란에서 일본군은 새로운 군위안소 개설을 계획하였다. 위안부의 징집을 담당했던 장교가 재판에서 진술한 바에 의하면, 스마란에는 이미 군위안소가 있었지만 "주둔군에게 성병이 퍼져" 있었고 "주둔군의 주민에 대한 행위가 이미 주민의 반감을 사고" 있었기 때문이었다고 한다(「재판 자료」). 여기에서도 성병 만연과 군인에 의한 불법 행위가 새로운 군위안소를 만드는 동기가 되고 있었던 것이다.

문제를 일으킨 것은 남방군 간부후보생부대였다. 간부후보생부대는 남방군 직속이었는데, 그때 부대장이 스마란 주둔지 사령관을 겸임하고 있었고 주둔지 사령관은 바타비아 제16군 사령부 지휘하에 있었다. 또 유럽계 민간인을 수용하는 억류소에 대한 관할권은 자바 군정감이 갖고 있었는데, 이것은 제16군 참모장(國分新七郎소장)이 겸임하고 있었다. 또 1943년 11월에는 「군억류자 취급 규정」이 만들어졌는데, 그것에 의하면, 군억류소를 정식으로 설치하고 그 관할은 군정감으로부터 군사령관에게 이관하는 것으로 되어 있었다(자바 군억류소의 정식 발족은 1944년 3월). 억류소의 여성을 위안부로 삼기 위해서는 제16군 사령부의 허가를 얻지 않으면 안되었던 것이었다. 그러나 재판에서는 당시 아직 억류소를 관할하고 있었던 군정감 · 주청(州廳)측의 책임은 해명되지 않았다.

스마란주 장관으로부터 위안소 설치를 요청받은 간부후보생부대장은 제16군 사령부(사령관 : 原田熊吉 중장)에 억류소의 여성을 위안부로 삼는 허가를 요구하였다. 부대장의 공술에 의하면, 그때 자바군 억류소장으로 취임할 예정인 장교는 "나중에 문제가 되지 않도록 지원한 부녀자에게 서류를 한 장 쓰게 하는 것이 좋다"고 했다고 한다(「재판 자료」· 『아사히신문』). 또 군위안소 설치 계획서를 제출하여 정식 허가를 받은 병참담당 소좌의 공술에 의하면, 군사령부는 "이들 위안소에서는 자유 의사를 가진 사람만을 고용하도록 확실히 주의시켰다"고 한다(同上).

사건의 경과(2)

그러나 남방군 간부후보생부대는 이 지시를 무시했다. 2월 후반 담당 장교 · 경찰 · 위안소 경영자가 억류소로부터 젊은 여성을 강제로 모았던 것이다.

이때 스모우오노 · 반콘 · 란펠리사 등 세 곳의 억류소에서는 "(징집 목적을 알아차린) 유럽인 리더들이 맹렬하게 저항했기 때문에 일본인은 단념하고 돌아갔다"(「네덜란드 정부 보고서」). 젊은 여성들이 연행된 것은 다음 4곳의 억류소에서 이루어졌다.

할마헤라 억류소—11명이 연행되었는데, 병으로 3명은 되돌아왔다. 며칠 후 16세의 소녀를 너무 어리다는 이유로 되돌려 보냈다(판결문에서는 연행은 8명).

안바라와 제6억류소 · 제9억류소(판결문에서는 제4 · 제6억류소)—여성들이 강하게 항의했지만, 강제로 18명의 여성이 연행되었다(판결문에서는 17명).

게단간 억류소— '맹렬한 반대'가 일어났기 때문에 강제 징집을 포기하고 매춘부였다는 소문이 있었던 십여 명의 '지원자'를 연행하였다. 그중 몇 명은 금방 되돌려 보냈다.

모아진 여성은 약 35명이었다(전후 즉시 열린 바타비아 군사 법정에서의 판결은 적어도 할마헤라와 안바라와 제4 · 제6으로부터 연행되어 갔던 25명에 대해 강제 연행이며 매춘을 강요당했다고 인정하고 있다). 그녀들은 3월 1일부터 장교클럽 · 스마란클럽 · 일장기클럽 · 청운장(쌍엽장)이라는 4곳의 위안소로 보내졌다. 이중 장교클럽은 남방군 간부후보생부대의 장교 전용이었다고 한다.

잔느 오페르네의 체험

위안소에 연행된 여성들은 어떤 일을 당했을까. 잔느 오페르네와 엘리 고리 판 델 프로그의 경우를 보자.

잔느 오페르네는 스마란 근처 사탕 농원의 유복한 가정에서 태어났다. 양친은 네덜란드인으로 그녀는 다섯 형제 중 셋째였

다. 수녀가 되기 위해 프란시스코회 교육대학에서 공부하고 있을 때 일본군이 침입하여 강제적으로 안바라와 억류소로 보냈다. 당시 21세였다. 억류소는 악취 · 오물 · 쥐 · 하수 등이 뒤엉켜 있었고 중노동 · 굶주림 · 폭력 · 질병이 횡행하는 참혹한 곳이었다고 한다(オフェルネ, 「レイプされた女の叫び」 이하는 이에 의거함).

1944년 2월 어느 날 일본 장교가 와서 "17세 이상의 독신 여성은 정렬하라"고 명령하였다. 불길한 생각이 든 그녀는 가능한 한 눈에 띄지 않게 수수한 옷차림을 하고 나갔다. 장교들은 정렬한 소녀들을 위에서 아래로 훑어 보며 자기들끼리 웃었다. 그녀의 기억에 의하면 16명의 소녀가 선별되어 소지품을 챙겨 트럭에 타라는 명령을 받았다고 한다. 소녀들의 모친을 비롯하여 억류소의 여성들이 항의했지만 무시당하였다.

스마란에 도착해 7명이 내렸는데 한 사람에 방 하나가 배정되었다(「재판 자료」에 의하면 약 35명의 여성은 시내 호텔에 모여 먼저 장교클럽용 여성 7명이 선별되고 다음으로 다른 세 군데의 위안소로 나뉘어 보내졌다고 한다). 개관하는 날 밤에는 많은 장교가 찾아왔다. 식당에 모여 두려움에 떨고 있었던 소녀들은 울며 저항하는 가운데 식당에서 한 사람씩 끌려나갔다. 자기 차례가 왔을 때 그녀는 맹렬히 저항했지만, "발길질을 하고 소리치고 저항해도 어쩔 수"가 없었다. 화가 난 군인은 칼을 뽑아 몸에 들이대고 그녀의 옷을 벗긴 다음 칼로 몸을 쓰다듬었다고 한다.

> 궁지에 몰린 쥐와 고양이같이 남자는 나를 가지고 장난을 쳤습니다. 얼마간 게임을 계속한 다음 남자는 자기도 나체가 되었습니다. 죽일 생각은 조금도 없었습니다. …무거운 몸으로 나를 짓눌러 압박했습니다. 필사적으로 저항하고 발로 걷어차고 할퀴었지만, 상대는 너무나 강했습니다. 강간당하는 나의 눈에서는 눈물이 쉴새없이 흘러 내렸습니다. 마치 끝없이 이것이 지속되는 것같이 생각되었습니다. …겨우 남자가 방에서 나갔을 때 나는 온몸을 떨고 있었습니다. 주위에 있는 옷을 찾아 입고 몸에서 모든 더러운 것과 치욕과 상처를 씻어 내려고 욕실로 달려갔습니다. 욕실에는 다른 소녀들도 있었습니다. 모두 쇼크로 울고 있었지만, 어찌해야 할 줄을 몰라 다만 서로 위로할 뿐이었습니다. 지금 일어난 모든 것을 씻어 내려는 듯 우리들은 몸을 싹싹 씻었습니다.

몸을 씻은 후 그녀는 뒷방에 숨어 있었지만, 곧 발견되어 그날 밤 또 다른 여러 명의 군인들에게 강간당했다. 다음날도 저녁부터 같은 일을 당했다고 한다.

오페르네의 회상에 의하면, 7명의 여성은 기독교 신앙에 의해 서로 지탱해 주고 있었다. 그녀는 언제나 십자가상을 허리에 걸고 있었기 때문에 일본인이 '십자가 소녀'라고 부르게 되었다. 매번 그녀는 상대를 차고 때리고 할퀴고 저항을 계속했다. 성병검사를 하기 위해 정기적으로 오는 군의관에게도 강간당했다.

이와 같은 절망적인 상황 속에서 겨우 그녀를 지탱해 주었던 것은 신에 대한 신앙이었다고 한다.

엘리 프로그의 체험

엘리 고리 판 델 프로그는 1923년 1월 네덜란드에서 태어났다. 일본군이 침입한 1942년에는 양친 · 동생들과 함께 동자바의 젠바에 살고 있었고 당시 19세였다. 아버지는 네덜란드인이고 어머니는 인도네시아인으로 두 사람은 각각 잡화상을 경영하고 있었다(이하 필자의 청취 조사에 의함).

1942년 5월 일본군에게 등록되어 젠바에 집단 거주하게 되었다. 이 장 서두에 있는 사진 「외국인거주등록 선서증명서」는 이 때의 것이다. 그 후 스마란의 할마헤라 억류소로 옮겼다. 1944년 2월 여러 명의 일본인이 억류소에 와서 15세부터 35세까지의 여성을 모아 그들 앞을 걷게 했다고 한다. 그 다음날도 같은 일을 시켰는데 이때 15세와 16세의 소녀들은 제외되었다. 삼 일째 걸었을 때 일본인은 '이것', '이것'이라고 여성을 지명하고 자신의 짐을 챙겨 버스에 오르라고 명령했다. 그녀의 기억에는 지명된 여성은 15명이었다. 명령을 거역할 수 없어서 억류소의 네덜란드인 리더는 항의하지 않은 모양이었다.

그녀들은 담배공장에서 일한다든가, 비서 · 사무원 · 간호사 · 보모가 된다고 들었는데, 그것은 모두 거짓말이었다. 수십 명의 여성이 네 개의 집으로 나뉘었는데, 그곳은 위안소였던 것이다. 그녀가 간 집은 접수된 네덜란드인 가옥으로 커다란 1층 집이었다. 집은 개조되어 있었고 본채에는 '파파상'이라고 불리는 업자가 표를 파는 장소나 거실 · 응접실 · 식당 · 욕실과 몇 개의 침실이 있었고 뒤쪽에는 식모가 사용하고 있었던 여섯 개의 방과 하나의 욕실이 있었다. 그녀는 뒤쪽 방으로 보내졌다.

거기에 있던 일본인 여성들이 일본 군인들에게 쾌락을 주라고 말했지만, 그것이 무엇을 의미하는지 잘 몰랐다. 그녀의 기억에 의하면 개업한 날은 2월 26일이었다. 첫날밤 여성들이 맹렬히 저항했기 때문에 일하지 않으면 식사를 주지 않겠다는 규칙이 만들어졌다.

찾아오는 일본인은 접수창구에서 표를 사서 사진을 보고 마음에 드는 여성을 골라 방에 들어와 표를 보였다. 표는 1시간 이용권 · 2시간 이용권 · 철야 이용권이 있었다. 그러나 돈을 받은 적은 한 번도 없었다. 위안소는 밤부터 시작해 매일 대개 2~3명을 상대하지 않으면 안되었다.

욕실에는 붉은 물(과망간산 칼륨)을 집어넣은 세정기가 놓여 있어서 군인 또는 군속을 상대한 후에는 반드시 씻었다. 그녀는 욕실에 가능한 한 오랫동안 있으려 하였다. 그렇게 하면 그만큼 상대하는 시간에서 해방되기 때문이었다. 성병 검사는 주 1회였다. 그러나 그녀는 임질에 걸리고 말았다고 한다.

휴일은 주 1회로 요일은 정해져 있지 않았다. 군인 또는 군속이나 '파파상'이라 불리는 업자의 기분에 따라 정해졌던 것이다.

보통 때 오는 일본인은 칼을 차고 장식이 붙은 군복을 입고 있는 것으로 보아 계급이 높았다. 그러나 일요일은 '사병의 날'이라 하여 다른 건물로 끌려가 사병들을 상대하도록 강요당했다. 보통 때보다 상대하는 사람이 많아 일요일은 너무나 공포스러운 날이었다고 한다.

그녀들은 기회가 있으면 탈출하려고 생각했지만 불가능했다. 위안소 밖에는 언제나 칼을 찬 2명의 보초가 있었다. "도망치면 헌병대에게 붙잡힌다"고 언제나 협박당했다. 또 "도망치면 억류소에 있는 가족에게 무슨 일이 일어날지 모른다"고 공갈당하고 있었다. 실제로 도망간 친구는 잡혀서 다시 끌려왔다. 유럽계 여성은 얼굴과 머리색이 달라 금방 발각되어 버린다. 또 인도네시아인이 유럽인을 도와주면 일본군으로부터 벌을 받게 되므로 그들이 숨겨 주는 일은 없었다고 한다.

재판에서의 증언

오페르네와 프로그의 증언은 사건 후 거의 50년이 지난 것이다. 이 증언 내용은 서로 어긋나는 몇 가지를 제외하면 패전 직후 이루어진 재판에서의 증언과 놀라울 정도로 일치하고 있다. 체험이 얼마나 비참하고 강렬한 것이었는가를 나타내는 것이리라. 재판 판결문에 요약되어 있는 주요한 증언은 다음과 같다.

억류소에서 선별을 위해 늘어선 여성들은 거의 17, 18세부터 28세였다. "방에 들어가는 것을 거부했지만 구타당하거나 떠밀

려서 아무 소용이 없었다"(안바라와 제4억류소에서 스마란 위안소에 연행된 여성). 한 방에 모인 7명(다른 증언에 의하면 9명)의 여성이 한 명씩 각 방으로 끌려가 "긴 싸움 끝에 폭력으로 처녀를 빼앗겼다"(안바라와 제6억류소에서 장교클럽으로 연행된 여성). "약 반 시간에 걸친 싸움 끝에" 강간당해 이후 매일 3~4명을 상대하지 않으면 안되었다(같은 억류소에서 쌍엽장에 연행된 여성). 거절하는 것을 그만두지 않으면 더욱 상태가 안 좋은 위안소로 옮겨 버리겠다고 위협당했다(같은 억류소에서 장교클럽으로 연행된 여성). "발로 차고 때리고 할퀴는 싸움 끝에" 지고 말아 이후 매일 밤 3명 또는 종일 밤 이용권을 가진 1명을 상대하지 않으면 안되었다(할마헤라 억류소에서 일장기클럽으로 연행된 여성). 장교에게 강간당하고 그 후 매일 7~8명을 상대하지 않으면 안되었다(같은 할마헤라 억류소에서 일장기클럽으로 연행된 여성). 이들 위안소가 정식으로 개업한 것은 3월 1일이었으나, 며칠 전에 강간당한 경우도 있었다.

「재판 자료」에 의하면, 도망쳤으나 곧 경찰에게 붙잡혀 위안소로 되돌려 보내진 여성이 2명, 자살을 꾀한 여성이 1명, 정신병인 체하여 정신병원에 감금된 여성이 1명, 임신했기 때문에 중절 조치를 받은 여성이 1명 있었다. 피해자들의 대부분이 맹렬히 저항했지만, 폭력으로 짓밟혀 강간당한 것이 틀림없었다.

위안소가 폐쇄되다

1944년 4월 말 이 4개의 위안소가 폐쇄되었다. 안바라와 제9 억류소에 자신의 딸을 빼앗긴 네덜란드인 리더 중 한 사람이 포로 수용소 · 민간인 억류소에 관한 업무를 담당하는 육군성 포로관리부원 겸 포로정보국 사무관 오다(小田島董) 대좌와의 회견을 어렵게 성사시켜 강제 연행 · 강제 매춘의 사실을 호소했기 때문이었다. 이 대좌는 시찰을 위해 자바섬에 왔는데, 곧바로 육군성, 남방군 총사령부 또는 제7방면군 사령부(1944년 3월 창설), 제16군 사령부에 보고하여 위안소 폐쇄를 권고했다. 제16군 사령부는 곧 위안소 폐쇄를 명령하여 폐쇄한다. 그러나 관계자는 처벌되지 않았다. 이 위안소가 존재한 것은 약 2개월 간이었다.

잔느 오페르네에 의하면 폐쇄 명령의 결과, 여성들은 위안소에서 나와 크라마트 억류소로 옮겨졌다. 강제매춘 사실을 은폐하기 위해서인지 이곳은 다른 억류소로부터 완전히 격리되어 있었는데, 격리되어 있었기 때문에 도리어 소문이 퍼져 이 억류소는 '매춘부 수용소'라 불렸다고 한다. 엘리 프로그도 약 3개월 후 아무런 설명도 없이 위안소에서 내보내져 위안부들이 모여 있던 장소로 옮겨졌다.

그 후 그녀는 브이텐조그(보골)의 고타 파리스 억류소로 옮겨졌다.

임시 군법회의 판결

일본이 망한 후 이 스마란 위안소 사건은 바타비아에서 열린 네덜란드 군사법정에서 심판되었다. 피고는 13명으로 1948년 3월 24일(대장에 대해서는 1951년 8월 29일) 내려진 판결은 다음과 같다.

계급 · 신분	구형	판결	죄명	비고
A 육군중장	사형	징역12년	②③④	간부후보생부대장
B 육군대좌	사형	징역 15년	①②③	간부후보생부대 소속
C 육군소좌	사형	사형	①②③	주 담당관
D 육군소좌	징역10년	징역10년	①②	부관
E 육군소좌	징역10년	징역7년	④	간부후보생부대 소속
F 군의관대위	징역20년	징역16년	③④	간부후보생부대 소속
G 육군대위	징역2년	징역2년	④	간부후보생부대 소속
H 육군상사	무죄	무죄		
I 육군사정관	징역5년	무죄		
J 군속(업자)	사형	징역20년	②	스마란클럽
K 군속(업자)	징역20년	징역15년	②	일장기클럽
L 군속(업자)	징역5년	징역10년	②	청운장
M 군속(업자)	징역5년	징역7년	②	장교클럽

(주) 계급은 패전 당시. 죄명은 ①부녀자를 강제 매춘에 연행한 죄, ②매춘강요죄, ③강간죄, ④억류자를 부당하게 취급한 죄

(출전) 「판결문」, 『아사히신문』 1992년 8월 30일, 茶園義男編, 『BC級戰犯和蘭裁判資料 · 全卷通覽』

유죄 판결된 자는 장교 7명과 위안소 경영자(군속) 4명이었다. 장교 3명이 부녀자를 강제 매춘에 연행한 죄로, 4명의 장교와 위안소 경영자 전원이 매춘 강요죄로 유죄를 선고받았다. 남방군 간부후보생 부대장을 포함한 4명의 장교는 강간죄로 유죄가 되었다. 위안소에서 여성들을 강간했다고 인정되었던 것이다. 또 억류자를 부당하게 취급한 죄로 3명의 장교가 유죄를 선고받았다. 위안부 개설 책임자였던 소좌는 사형(총살), 육군 사정관과 하사관은 무죄가 되었다. 또한 계획에서 중심적인 역할을 했다고 여겨진 대좌는 일본으로 귀국한 후였지만, 1947년 1월 네덜란드의 추적을 알고 자살하였다.

「네덜란드 정부 보고서」가 인정한 강제 매춘의 사례

「네덜란드 정부 보고서」에 의하면, 전범 재판을 통해서 분명해진 일본군에 의한 위안소 사건은 이것만이 아니었다. 그 몇 가지를 열거해 보자.

문치란 억류소에서는 1944년 1월 말 마게란 군위안소의 위안부 징집을 위해 일본군이 젊은 여성을 모았다. 여성들을 밖으로 끌어내려 할 때 억류소 리더들이 항의하여 폭동이 일어났지만 여성들의 연행을 저지하지는 못했다. 3일 후 군인이 와서 '지원자'를 보내면 연행한 여성을 돌려보내 줄 수도 있다고 했기 때문에 매춘부라는 소문이 있는 몇 명의 '지원자'가 연행되어 갔다 (그 결과 14세 소녀를 포함하여 2명의 여성과 2명의 지원자가 되돌아왔다). 결국 13명의 여성이 마게란으로 연행되어 거기에서 "난폭하게 검사를 받고 강간당하고 매춘부로서 일할 것을 강요받았다"고 한다.

1944년 4월 중순 스마란의 헌병대와 경찰은 억류소 밖에 있는 유럽계 여성과 인도네시아인 여성을 연행하여 그중 약 20명을 스라바야로 보냈다. 2개월 후 인도네시아인 10명 · 유럽계 여성 7명이 프로레스섬의 군위안소로 보내져 "매춘부로서 일할 것을 강요받았다"고 한다.

「네덜란드 정부 보고서」는 이와 같은 사례를 수없이 열거하고 있다. 그리고 다소라도 '지원' 의사가 있다고 인정되는 자는 제외한다는 대단히 엄격한 검토를 행하고 있었다. 그것에 의하면, 군위안소에서 일하고 있던 200에서 300명의 유럽계 여성 중 적어도 약 65명이 "매춘을 강요당했다"고 결론내리고 있다.

그러나 연행된 소녀 대신에 '지원한' 여성을 단순히 자유 의사에 의한 응모라고 볼 수 있겠는가. 또 「네덜란드 정부 보고서」에는 다음과 같은 사례도 실려 있었다. 수마트라섬의 파단 억류소에 있던 11명의 여성이 일본군의 '설득'에 응해 1943년 10월 포트데콕 군위안소에 들어갔는데, 그것은 억류소에 돌아가는 것보다 군위안소 생활이 더 낫다고 생각했기 때문이었다고 한다. 자바 억류소와 같이 수마트라 억류소 생활 환경도 비참한 것으로 그곳을 해방시킨 연합군의 소견에 의하면, 억류자는 피골이 상접하여 "무감동으로 모든 것을 단념한 것 같은 모습으로 활

력이 없고 마음을 움직이려고 하지 않는" 상태였다(内海愛子, 「戰時下の外國人の人權」). 이와 같은 환경에서의 판단이 자유 의사에 의한 것이라고 할 수 있을지 의문이다. 약 65명이라는 숫자는 최소한의 것이라고 보아야 할 것이다.

또한 다나카(田中利幸)의 연구에 의하면 수마트라에서는 일본군 포로가 된 오스트레일리아군의 간호사도 위안부가 되도록 강요받았다(田中, 『知られざる戰爭犯罪』). 유럽계 여성이 위안부가 된 경우는 앞으로의 조사에 의해 또 나올 가능성이 있다.

스마란 사건이 의미하는 것은 무엇인가

재판에서 분명하게 밝혀진 중요한 사실의 하나는 일본군 사령부가 매춘을 위한 강제 징집은 전쟁 범죄라는 국제법을 잘 알고 있었다는 것이다. 그것은 설치할 때의 주의 또는 사건이 발각되자 군위안소를 폐쇄했다는 사실로부터 잘 알 수 있다.

그리고 또 하나 중요한 것은 매춘을 강제해서는 안된다는 지시가 유럽계 여성에 대해서는 내려졌는데, 일본인을 제외한 아시아인에 대해서는 내려지지 않았다는 사실이다. 매춘 강제가 범죄인 것을 알고 있으면서도 그것을 방지하는 대상은 유럽계 여성으로 국한시키고 있었다. 이것은 전후 국제 문제화되는 것을 두려워했기 때문이었다. 따라서 일본인 이외의 아시아인 여성에 대해서는 이와 같은 배려가 없었다(또 네덜란드가 행한 전범 재판이나 「네덜란드 정부 보고서」도 역시 유럽계 여성에게만 관심이 있으며 인도네시아 여성은 별로 문제시하지 않았다).

그리고 아시아인 여성의 경우는 물론 설령 유럽계 여성이라도 사건이 명백해진 후에 관계자가 처벌되지는 않았던 것이다. 여기에서 일본군의 위안부 정책에 대한 기본 자세가 확실히 드러나 있다.

네덜란드 전범 재판의 의의

어쨌든 네덜란드에 의한 바타비아 임시 군법회의는 새로운 국제법을 형성하는 데 중요한 위치를 차지한다. 스마란 위안소 사건에서 적용된 법률은 「전쟁 범죄 개념규정에 관한 총독령」으로 1946년 6월 1일자로 포고된 것이었다(「蘭領印度法令公報」 第44号). 이것은 전쟁의 법규 및 관례 위반을 전쟁 범죄로 보고 39개의 범죄사항을 열거하고 있다(여기에서 '강간', '강제적 매음을 위한 부녀자의 유괴 및 매음 강제', '억류 시민 또는 피구금자의 학대' 등이 거론되어 있다).

열거된 범죄 사항은 1944년에 연합국 전쟁범죄위원회가 채택한 통례의 전쟁 범죄 일람표를 그대로 채용한 것이었다. 이 일람표는 1919년 파리평화예비회의에서 전쟁책임조사 15인위원회(일본인 위원도 2명 참가하고 있다)가 작성한 32개의 전쟁 범죄 일람표를 보충한 것이었다. 이 15인위원회가 작성한 일람표에는 이미 '강간', '강제적 매음을 위한 부녀자의 유괴', '비인도적 상태하에서 일반 민중의 억류'가 들어 있었던 것이다(法務大臣官房

司法法制調査部, 『戰爭犯罪裁判槪史要』).

그러나 이 일람표는 관계국을 구속하는 것은 아니라고 되어 있었다. 다만 일본은 전후 1951년 샌프란시스코 평화조약 제11조에서 극동국제군사재판(도쿄재판)과 BC급 전범 재판을 수락하고 있기 때문에 스마란 위안소 사건의 판결도 수락한 것이 된다. 즉 일본은 강간뿐 아니라 강제 매음을 위한 부녀자 연행이나 매춘 강제 등의 행위도 전쟁 범죄를 구성한다는 입장을 받아들인 것이 된다.

또 1956년 일본은 민간인 억류자의 사적 청구권을 해결하기 위해 네덜란드 정부에 1,000만 달러를 지불하였다. 그러나 억류자가 약 11만 명이었기 때문에 한 사람당 91달러밖에 되지 않았다.

제VI장

패전 후의 상황

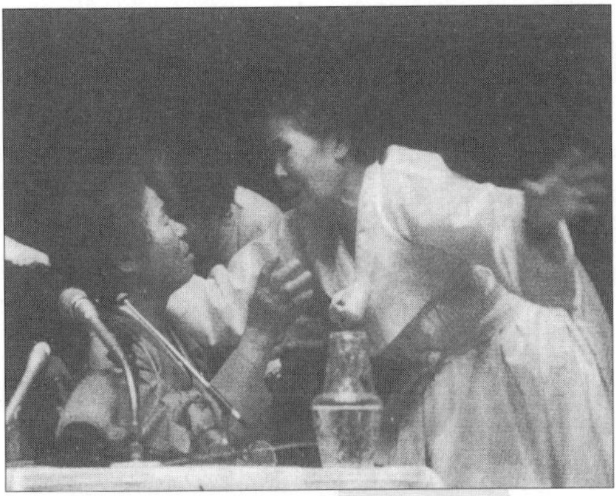

1992년 12월 도쿄에서 열린 국제공청회에서의
남북한 위안부들(伊藤孝司 사진).

1. 패전 직후의 연합국 군용위안소

연합군에 대한 공포감

1945년 8월 15일 일본은 포츠담 선언을 받아들여 항복했다. 항복 직후 일본인의 커다란 걱정 중 하나는 일본에 상륙한 연합군 병사가 대규모 강간 사건을 일으키지 않을까 하는 것이었다.

이와 같은 공포심과 혼란이 확대된 배경에는 과거 일본군 장교가 아시아 · 태평양 각지에서 수많은 강간 사건을 일으켰다는 생생한 기억이 있었다. 또 전시중 일본 정부가 행해 온 선전의 영향도 있었다. 예를 들면, 니혼바시구(日本橋區)에 있는 어느 공장장은 "(정부가) 미국인, 영국인은 야수다, 만일 진다면 국민, 특히 부녀자는 어떤 치욕을 당할지 알 수 없다는 선전을 해 와 1억 국민은 이것을 믿어 의심치 않고 있다"고 지적하고 있다(8月20日付 警視廳內偵報告 · 栗屋憲太郎編, 『資料日本現代史』 第2卷). 그리고 행정 기관이 국민 불안을 더욱 부채질하고 있었다.

예를 들면, 가나가와현(神奈川懸)에서는 일찍이 8월 15일 청사에서 근무하는 여자 직원에게 3개월치의 월급을 주어 해고하고 피난할 것을 권고하고 있다. 이 조치에 의해 가나가와현에서는 "회람을 돌려 부녀자 강제 피난을 명하는 등 대단한 혼란"이 발생했다고 한다(細川護貞, 『細川日記』). 도쿄에서도 젊은 여성을 피난시키는 가정이 많았다. 앞에서 열거한 8월 20일자 경시청 내정보고(內偵報告)에는 도쿄 주민의 최대 걱정은 "부녀자에 대한 폭행, 능욕 등의 공포감"이라고 기록되어 있다.

그러나 무엇보다도 문제인 것은 보고서가 계속해서 "(그것을 막기 위해서) 완전한 그리고 대규모의 위안 오락 시설(특히 접대부)의 확립"을 요망하는 자가 많았다고 지적하고 있는 점에 있었다. 조금 나중의 일이지만, 미에현(三重懸) 지사 보고(10월 2일)에도 같은 지적이 보인다. '미군 폭행'에 대한 억측 · 유언비어가 퍼져 "주둔군에 대한 위안 시설 완비를 당국이 나서서 적극적으로 확충하길 바란다"는 요망이 강하게 제기되었고 특히 "부녀자들로부터 이 요망이 많다"고 보고하였다(栗屋 · 川島高峰編, 『敗戰時全國治安情報』 第5卷). 즉 일부 여성을 '인신 공양'하는 것으로 자신의 안전을 보호하려는 발상이었다.

연합국 군용위안소 설치를 지시

주민들 중에서 특히 여성들로부터 자기들 이외의 희생자를 연합군 병사에게 제공하라는 소리가 나오는 것은 비극적인 광경이다. 그러나 이와 같은 발상에 근거를 제공하고 있었던 것은 무엇보다도 일본 정부의 대연합군 정책이었다.

연합군이 일본에 주둔한 것은 8월 28일이었다. 그 직전인 8월 18일 일본 정부는 스스로 자진하여 연합군용 위안소 설치를 지시하였다. 국민들에게 공포감이 확대되고 소동이 커지자 즉시 움직인 것이었다. 군위안소 제도가 있었던 만큼 움직임은 재빨랐다.

18일 지시는 하시모토(橋本政美) 내무성 경보국장이 각 지방 단체 지사들에게 내린 「외국군 주둔지 위안 시설에 대하여」라는 통첩이었다. 이 통첩에서는 '외국 주둔군 위안 시설 등'에 대해서는 경찰서장이 특별히 일정한 구획을 설정할 것, 일본인의 시설 이용은 인정하지 않을 것, 경찰서장은 '성적 위안 시설', '음식 시설', '오락장'에 적극적 지도를 행하고 "설비를 조속하고 충실하게 하도록 할 것", "영업에 필요한 부녀자"는 "예기, 공사창기, 여급, 작부, 상습밀매음 범죄자 등을 우선적으로" 할당할 것을 지시하고 있었다(勞動省婦人少年局編, 『賣春に關する資料』 改訂版).

즉 여기서 말하는 위안 시설이란 연합군 전용의 '성적 위안 시설'이 중심으로 그를 위해 정부가 단속하고 있는 밀매음자까지 동원하려고 하였던 것이었다.

이 통첩을 받아 전국에 연합군 전용 위안소가 설치되어 간다. 도쿄에서는 도쿄요리음식업조합, 도쿄대합업(待合業)조합연합회, 도쿄유곽조합 등 8개 단체가 "당국의 밀명을 받아", "국체호

지(國體護持) 의 대정신"이라는 명분을 걸고 특수위안 시설협회(Recreation and Amusement Association 약칭 RAA)를 만들어(「趣意書」), 8월 28일 황궁 앞 광장에서 설립 선언식을 갖고, 9월 3일에는 『마이니치신문(每日新聞)』에 광고도 내어 '특별여자종업원'을 모집하였다(小林大治郎 · 村瀬明, 『みんなは知らない國家賣春命令』, 이하는 이 책에 의거한다).

최초의 위안소는 교하마(京浜) 지구에 설치된 고초엔(小町園)으로 이미 8월 27일에 개점하였다. 그 후 쇄도하는 미국 병사로 인해 "여자들은 두려워 울고 기둥에 달라 붙어 움직이지 않는 사람도 있었다"고 한다. RAA는 위안부 등 5,000명을 모집할 계획이었으나 발족할 때 실제로 모은 것은 1,360명이었다. 또 고급 장교를 위해서는 전용 접대소가 설치되어 있었다.

아이치현(愛知縣) 지사의 내정보고(9월 30일)에 의하면, 나고야(名古屋)에서는 시내 유력자 5명이 연합군 전용 위안 시설 '국제고급향락 나고야클럽'을 설립하기 위해 9월 14일부터 댄서 211명 · 여급 219명 · 안내인 250명의 지원자를 모았다(前揭, 『敗戰時全國治安情報』 第5卷).

홋카이도(北海道)에는 10월 4일 이후 미군이 상륙해 갔다. 도청은 즉시 위안소 설치를 진행시켰다. 도경찰부 보안과가 10월 30일 정리한 문서에는 다음과 같이 적혀 있다.

9월 18일 신설된 보안과에서는 10월 5일 도내 삿포로(札幌) 외

4곳의 도시에 진주한 연합군에 대한 특수 위안 시설에 중점을 두고 이미 설치된 유곽, 요리점을 이용하여 성적 위안부에 대한 준비를 충실히 할 계획 아래 유곽을 자발적으로 폐점하여 요리집으로 단장한 뒤에 위안부 모집에 노력한 결과 당시 450여 명에 불과했던 수를 770여 명으로 늘릴 수 있었고 위안에 필요한 응급 조치에 만전을 기한 결과 현재까지 부녀 관계 사고 등은 거의 없이 원활하게 운영되고 있다〈北海道廳, 「昭和20年(1945년)長官事務引繼書」〉.

미군 진주와 함께 도청의 지도에 의해 '특수위안 시설' 만들기가 진행되었던 것이다. 매춘업을 하는 유곽을 요리점이라는 형식으로 바꾸어 위안부를 모집하여 그 수를 770명 이상으로 증가시켰던 것이다.

우익의 적극적인 개입

부현(府縣) · 경찰의 지도 · 원조를 받아 실제로 위안소 설치에 나선 예를 보면, 매춘 업자 관계 외에 우익이 자금원으로서 적극적으로 개입하고 있는 것이 주목된다. 오사카(大阪)의 특수고등경찰 제1과의 내정보고 「구국수동맹(旧國粹同盟)의 동정」(9월 19일)은 다음과 같이 기술하고 있다.

구 국수동맹에서는 총재 세세가와 요이치(笹川良一)의 친동생인 세세가와 요산(笹川良三)을 사장으로 구 간사 오카다(岡田多三郎)와 마쓰오카(松岡三次)를 총무로 하여 연합군 위안소 아메리칸클럽을 오사카시 미나미구(南區) 구로사에몬초(九郎右門町)의 구 미사사야 음식점 자리에 개설하고 지난 18일부터 영업하고 있다(前揭, 『敗戰時全國治安情報』 第6卷).

전후 선박진흥회에서 이름을 날리던 세세가와 그룹은 패전 직후 오사카에서 재빨리 연합군 군용 위안소를 열고 있었던 것이다.

또 이와테현(岩手縣) 지사의 내정보고(9월 26일)에 의하면, 전 대일본적성회 이와테 지부장인 미쓰타니(菱谷敏夫)는 다가올 총선거에 입후보할 생각으로 "현재 진주군을 받아들일 위안 시설 관계자들 속으로 들어가 진두에 서서 유곽지대의 우에다(上田) 이전 문제, 그 설치 계획 등에 분주하고 있는 상태"였다(同上, 第2卷). 연합군 상대의 위안소 설치에 관해서는 경찰 · 우익 · 매춘업자가 연대하고 있었던 것이었다.

연합군 병사에 의한 강간 사건

연합군 병사에 의한 강간 사건은 일본군 정도로 많지는 않았으나, 그래도 꽤 일어나고 있었으므로, 결코 이유 없는 걱정은 아니었다. 가나가와현(神奈川縣)에서 일어난 최초의 강간 사건은 8월 30일로, 3건이 발생하였다. 가나가와 · 지바(千葉)에서 발생한 강간 사건에 대해서 내무성 보안과장은「미군의 불법행위 대책 자료에 관한 건」(9월 4일)에서 "먼저 손짓으로 성교를 요구해 거절당하자 권총을 들이대고 감행" 한 것이었다고 말하고 있다(前掲,『資料日本現代史』第2巻). 종전연락중앙사무국의 자료에 의하면, 강간 사건은 9월 말까지 44건(그중 미수 30건)에 달했다(荒敬編,『日本占領 · 外交關係資料集』第3巻). 강간 사건은 피해자가 신고하지 않는 경우가 많았기 때문에 실제 피해는 훨씬 많았을 것이다.

그러나 강간을 막기 위해 일부 여성을 희생으로 삼는 위안소 제도를 먼저 생각해 곧 실행에 옮기는 자세는 역시 문제라고 말하지 않을 수 없다. 앞서 살펴본 홋카이도(北海道) 경찰부 보안과 문서는 위안소 설치와 위안부 모집의 순조로움을 말하며, "현재까지 부녀 관계 사고 등은 거의 없고" 라고 자화자찬하고 있으나, 지난날 일본군이 위안소를 설치했음에도 불구하고 강간 사건 다발을 막을 수 없었다는 사실을 어떻게 설명할 수 있을 것인가. 성적 위안 시설에 의해 강간을 막는다고 하는 발상은 전후에도 전혀 변하지 않고 있는 것이다.

위안소의 폐쇄

이러한 상황하에서 연합군 간부가 스스로 여자를 요구한 예가 있었다. 1945년 9월 총사령부에 호출된 요자(與謝野光) 도쿄도(東京都) 방역과장은 군의총감(軍醫總監)으로부터 '여자 문제'

를 듣고 미점령군 장교 공중위생복지국장과 협의하여 연합국 군용 위안 시설을 할당하도록 했다고 한다(住本利男, 『占領秘錄』 上卷). 또 해군의 몬지(門司) 무관부 회계장교였던 고마쓰(小松康宏)의 회상에 의하면, 그는 1945년경 세키몬(關門) 지구의 미군 사령관으로부터 "미군용 위안소를 만들 수 없는가"라는 상담을 듣고 몬지에 남아 있던 해군 하사관용의 'P하우스'(위안소)를 전용하기로 했다고 한다. "싫은 사람에게는 퇴직금을 지급해 해산하고" 희망자만이 미군을 상대하도록 하여 개설하였다(海軍主計九期會, 『五分前の青春』).

그러나 1946년 3월 25일 미군 제8군사령부는 미군 장병의 "공창, 사창, 밀매음 등 모든 매창 행위가 행해지는 집"에 출입을 금지하는 포고를 내렸다(市川房枝編, 『日本婦人問題資料集成』 第1卷). 그 원인은 우선 연합군 병사에게 성병이 만연한 점에 있었지만, 그것보다는 지난 1월 21일 연합군 총사령부가 「공창 폐지에 관한 각서」를 낸 것과 관계가 있었다. 이 3월의 포고를 받아 경시청 보안부장은 3월 26일 미군에게 협력하도록 각 경찰서장에게 통첩을 내렸다. 이렇게 해서 연합군 전용의 위안소는 없어져 갔던 것이다.

일본 정부가 추진하여 업자로 하여금 개설하도록 한 연합군용 위안소는 이렇게 소멸되었다. 그러나 연합군이 진주한 지역의 많은 사람들이 그 설치를 요망하였고 단시간에 전국 주요 도시에 설치되어 갔다는 사실은 중요하다. 또 연합군도 단시간이라 하더라도 그것을 받아들이고 있었다(그 후로도 미군 기지 주변의 매춘 시설이 없어지지 않았다는 것은 주지의 사실이다). 결국 일본인도 연합군도 전쟁중 종군위안부 제도를 인권 침해 문제로서 파악하는 의식이 희박한 채로 사태가 전개되어 갔던 것이다.

2. 군대에 위안부는 필수적인가—각국 군대의 경우

영국군 · 미군의 경우

여기에서 제2차 세계대전중 종군위안부와 비슷한 제도를 만든 것은 일본뿐이었는가 어떤가를 검토해 보기로 하자. 점령기에 미군 병사가 강간 사건을 일으킨 것은 사실이며, 또 미군으로부터 전용 위안소 설치에 관한 상담이 제기되기도 하였다. 종종 "정도의 차이는 있어도 연합군도 한 일이다. 전쟁중이었던 이상 어쩔 수 없는 일이었다. 일본군만이 나쁜 것은 아니다"라는 논법을 듣는데, 과연 그럴까. 다른 사람이 나쁜 짓을 했기 때문에 자신의 악행도 용서된다는 논법은 성립되지 않는다는 것을 확인해 두고 이 문제를 살펴보자.

실은 각국 군대 주변에도 일본군의 위안소와 어느 정도 유사한 시설이 만들어졌다는 것이 점차 밝혀지고 있다. 다나카(田中利幸)는 구미의 문헌을 조사하여 그 실태를 정리하였는데(『知られざる戰爭犯罪』), 이 연구 등을 참조하면서 영국군 · 미군에 대

해 개요를 정리해 보자. 명확히 밝혀진 사례로서 다음과 같은 것이 있다.

(북아프리카 트리폴리) 영국 육군의 지휘관들이 그때까지 있었던 민간 매춘숙을 허가하고 매춘부에게 군의 검사를 받을 것을 강제하였다. 트리폴리의 몇몇 매춘숙은 병참하사관이 직접 감독하도록 하였다. 매춘숙은 백인 장교용, 백인 준위 · 하사관용, 백인 병사용, 비백인 병사용으로 나뉘어 있었다. 병사용 어느 매춘숙에는 이탈리아가 버리고 갔다고 여겨지는 4명의 이탈리아인 매춘부밖에 없었으므로 길에는 차례를 기다리는 4개의 긴 행렬이 만들어졌다고 한다(Cynthia Enleo, *Does Khaki Become You?*).

(인도 델리) 대전 개시 직후 이탈리아군 지휘관들의 승인하에 군용 매춘숙이 설치되었다. 톰슨 로드에 있었던 장교용 매춘숙의 여성들은 거의가 다 백인으로, 그중에는 남편이 없는 동안 돈이 필요해서 일하는 장교 부인도 있었다고 한다. 이 군용 매춘숙은 나중에 런던의 명령에 의해 패쇄되고 매춘부는 다른 장소로 이동했다. 이 명령에 대해 장교들은 매춘숙을 통제하지 않으면 성병이 증가한다고 불평했다(同上).

(북아프리카) 미군 조지 패튼 장군은 군용 매춘숙을 만들려는 계획이 있었다고 한다. 그러나 그것을 실행에 옮기면 병사의 아내나 어머니가 반대하여 본국에서 대논쟁이 일어나고 연방 의회에서 문제가 되어 전쟁 수행에 장애가 될 것이라는 것을 알고 단

넘했다고 한다(Bernard B. Fall, *Street Without Joy*).

(중국 곤명) 1942년에 중국군을 위해 미중공군특별 편성대(프라잉 타이거)라는 의용군을 편성했던 쉔노트는 지휘하에 있던 90대의 비행기 탑승원 및 지상요원 과반수가 성병에 걸렸기 때문에 인도인 매춘부 12명을 인도로부터 비행기로 운송하여 고용하였다. 그러나 이것을 안 인도 · 버마 · 중국 지역군의 조셉 스틸웰 사령관은 격노하여 즉시 폐쇄시켰다(セオドア · ホワイト, 『歴史探求』 上巻).

이상의 예로 본다면, 미군, 영국군에게 전용 위안소 설치 또는 그 시도가 있었음을 알 수 있다. 거의가 즉시 폐쇄되었지만 그것은 본국의 반발을 두려워했기 때문이었다. 사회 운동 · 여론 · 의회 등 여성의 인권을 옹호하는 소리가 없는 한 군대 그 자체가 위안소와 유사한 시설을 만들어 내는 경향이 있음을 알 수 있다. 이 점에서는 일본이 특수하였다고는 말할 수 없다.

중요한 문제는 여성의 강제 연행 · 강제 사역, 미성년자 사역 등이 있었는가 하는 점이며, 또 문제가 분명해졌을 때 그 폐쇄 명령을 내렸는가 하는 점이다. 이것은 금후의 연구로 분명히 밝혀지게 될 것이다. 그러나 무엇보다도 군 수뇌부가 계획하고 추진했다는 점에서 일본군은 영국군이나 미군과 결정적으로 달랐다. 또 군기의 엄격함에 대해서는 다음과 같은 증언도 있다. 패전 직후 군 관리로서 마닐라에 파견되었던 가와베(河邊虎四郎)

참모차장과 동행했던 통역은 "그들(미군)의 군규(軍規)는 극히 엄정하여 …오락 시설에 대해 프랑스 당국이 미군에게 제안한 적이 있었는데 한 마디로 거절당한 예도 있다. 우리도 그처럼 해야 한다"라고 말하고 있다(前掲, 『細川日記』).

전쟁이 최종적인 승리의 단계에 이르자 점령지에서 연합군의 금욕적인 자세가 무너진 것도 사실이다. 노르망디 상륙 직후 프랑스측은 미군 전용 매춘숙을 여러 곳 제공했다는 사실이 있으며(미군 사령부는 3일 후 폐쇄하였다), 종래부터 있었던 매춘 시설의 이용에 대해서는 금지하지 않았다(ドウス昌代, 『マッカーサーの二つの帽子』). 또 일본 점령 후 일본 정부가 제공한 RAA를 미군이 수용하여 성병 만연으로 폐쇄될 때까지 그것을 이용하였다는 것은 이미 지적하였다.

군기를 엄격하게 할 수 있었던 배경에는 연합군에게 휴가 제도가 있었다는 것도 관계가 있을 것이다. 미군의 경우 커다란 작전에 참가하면, 휴가를 받아 오스트레일리아 · 하와이 · 미국 서해안 등으로 갈 수 있었다. 가족 · 친구 · 애인을 만날 수가 있었고 적당히 '놀' 수도 있었던 것이다.

소련군의 경우

소련군이 군 전용 매춘숙을 가지고 있었는지 어떤지에 대해서는 알 수 없다. 다만 소련군이 수많은 강간 사건을 일으킨 것은 사실일 것이다. 대일 참전 후 소련군 병사가 중국 동북에 있었던 일본 여성을 강간했다는 것에 대해서는 수많은 증언이 있다. 그리고 이때 일본측이 강간을 막기 위해 위안소 설치를 제의했다고 전해지고 있다.

소련 국경 가까운 마을의 개척단에 있던 여성으로부터 들은 오하라(大原槇子)의 청취 조사에 의하면, 이 여성은 어느 피난소에 있을 때 소련군 병사가 들어와 여성들을 물색하여 14, 15세의 소녀를 포함한 젊은 여성을 연행하는 것을 목격하였다. 연행된 여성들은 강간당하고 돌아왔다고 한다(大原, 『悲しみは松花江に流して』). 봉천(奉天)의 거류민회 회장(봉천만주차량 사장)의 회상에 의하면, 일본인 주조가(酒造家)의 집에 대낮에 3명의 소련군 병사가 침입하여 21세의 젊은 부인을 윤간한 후 국부를 술병으로 때리고 살해했다고 한다(宇佐美喬彌, 『ああ滿鐵』).

이와 같은 상태가 계속되는 중에 일본측은 소련 병사용 위안소를 설치하였다. 남만주철도 무순(撫順)탄광 직원의 회상에 의하면, 침입해 온 소련군 병사는 팔목시계 · 만년필 등의 금품을 약탈하고 밤이 되면 사택의 문을 두드려 술과 음식을 요구하고 '여자를 내놓으라고' 협박하였다고 한다. 이에 탄광 당국은 8월 중에 댄스홀과 그 외의 시설을 정비함과 동시에 "시내의 예창기 외 각지로부터 피난 온 그러한 여자들을 모아 …소련 병사를 상대하는 위안 시설을 정비"하였다고 한다(久保田勳, 『望鄕南滿洲鐵道』). 그것은 후에 국민정부군용 위안 시설이 되었다고 한다. 하야시(林郁)의 청취 조사에 의하면, 9월 하순 어느 개척단에서

는 부단장의 지시로 대략 15세에서 21세까지의 여성 15명이 '군인의 위안'을 위한다는 명목으로 소련군에게 제공되었다고 한다(『新編大河流れゆく』). 일본인은 소련군에 대해서도 젊은 여성을 희생양으로 제공하고 있었던 것이다.

독일군의 경우

독일에서는 국방군 · 친위대 등 각군에 위안소가 있었던 모양이다. 독일국방군의 철저한 위생관리를 자랑하는 어느 연구를 보면, 국방군은 군 중앙의 명령으로 점령지에 대량의 군 전용 매춘숙(위안소)을 설치하고 있었다. 1942년 단계에서 그 수는 500개에 달하고 있었다고 한다. 그 시설의 설비 · 감독 · 물자 공급은 현지 군사령관이 담당하고 점령지의 모든 병참에 군부속으로서 설치되었다. 설치의 첫번째 동기는 성병이 만연될 조짐이 있었기 때문이라고 한다. 독일군은 제1차 세계대전으로 대량의 성병 환자가 생겼기 때문에 위생 관리를 철저히 하려고 한 것이다. 검진은 주 2회 실시하였다. 프랑스, 네덜란드 등에서는 기존의 매춘숙을 이용하였다. 동부 점령지에서 징집된 여성 중에는 강제노동에 종사하든지, 군 전용 매춘숙에 갈 것인가의 선택을 강요당한 여성도 적지 않았다고 한다(이상, Franz seidler, *Prostitution, Homosexsualitat, Selbstverstummelung*).

독일 국방군에게 성병 만연 방지는 특히 중대한 관심사였던 것이다.

일본군 체질의 문제

위안소 · 위안부에 관한 이러한 각국 군대의 공통성과 차이는 각각의 군대의 구조 · 성격과 깊이 관련되어 있었다. 다시 일본군의 경우를 보자. 왜 대규모의 군위안소 제도가 필요불가결했을까. 이것은 일본군의 군기 유지 문제와 관계되어 있었다. 일본군 특유의 문제에 대해서 요시다(吉田裕)는 다음과 같이 분석하고 있다(『天皇の軍隊と南京事件』).

다이쇼(大正) 데모크라시 운동 이후 일본군 병사도 권리 의식에 눈을 떠, 지적 · 문화적으로 성장해 갔다. 이러한 상황에서 병사들에게 종래와 같이 군기에 대한 절대적인 복종을 요구하는 것이 불가능하다는 것을 깨달은 육군 중앙은 1921년 군대 내무서(內務書)의 개정을 행하였다. 병사의 '자각'에 근거한 복종을 실현하려고 했던 것이었다. 그러나 다이쇼 시대 말부터 쇼와(昭和) 초기에 걸쳐 국내에서 노동, 농민 운동이 활발히 전개되고 또 일본공산당 운동이 표면화하여 중국에서도 반제민족해방 운동이 활발해지는 분위기에서, 갑자기 병사의 감시 체제를 엄격히 하여 황군(皇軍) 의식을 주입하고자 한다(1934年 軍隊內務書再改正). 즉, 일본군은 병사의 자각에 대응해서 내면적인 충성을 획득하기 위한 새로운 이념 · 조직 원리를 만들어 내지 못했으며, 그렇다고 병사의 인권을 인정할 수도 없어 다시 엄격한 통제에 의한 군기 유지를 지향하게 되었던 것이다. 중일전쟁에 돌입하자, 동원 규모가 갑자기 늘어나기도 하여 상관이 부하를 충분히 장악할 수가 없게 되었다.

군대 생활에 대한 혐오, 비판 정신, 장교에 대한 경멸 등 총제적으로 군대 내 질서에 대한 반항이 생겨나, 군대 내 범죄, 특히 상관에 대한 반항이 증가해 갔다. 또 병영 내에서 억압된 병사의 불만은 점령지 주민을 향해 폭발하고 있었다. 이러한 가운데 점령지 주민에 대한 불법행위를 추급하는 것은 '야박하다', '봐줘야 한다', '엄격히 하면 역효과다' 등의 태도가 생겨났다고 한다.

이것이 점령지에서 강간 사건을 눈감아 주는 풍조를 불러일으켰으며, 사건이 빈발하게 일어나 군정에 지장을 가져오기에 이르렀기 때문에, 성적 위안 시설 확충을 꾀하는 악순환을 불러일으킨 것이었다. 실제로 중일전쟁 이후 '전시 이득'으로서 강간을 은밀히 긍정하는 생각이 일본군 장교들 사이에 깊이 침투해 있었다.

> (강간 사건을 일으켜 기소된) 젊은 병사가 군법회의에서 진술한 내용 중 공통된 것은 고향을 떠나는 송별회 자리에서 이미 전지(戰地)에서 병역을 마치고 돌아온 선배로부터 중국 전선에는 좋은 일이 있을 테니 기대하라는 등 강간을 시사받았기 때문에, 마침내 스물스물 그런 생각이 일어났다는 것으로, 최초에 중국 전선에 출동한 예비대 병사가 …얼마나 풍기 관념이 결여되어 있었는가를 알 수 있다(前揭, 『岡村寧次大將資料』 戰場回想篇).

이러한 상황에서 일본군은 군기를 유지하고 병사(특히 하사관이나 고참병)로 하여금 명령에 무조건적으로 복종하게 하기 위해서는 군위안소 설치가 필요했던 것이다. 따라서 군인들 중 다음과 같은 의견이 나오는 것은 피할 수 없는 상황이었다.

> 혈기 왕성한 젊은이들이 군대라는 비인간적인 세계에서 신음하고 있었기 때문에 '굵고 짧게' 주의로 언제나 성욕의 분출구를 거기에서 구한 것은 어쩔 수 없는 일이었다(草戸寥太郎, 『征途の果て』).

> 전장에서 '쓸모 있는' 일을 하기 위해서는 늘 건전한 육체 조건과 용맹한 정신을 동시에 유지할 필요가 있다. 성욕의 처리는 육체와 정신의 조화제로 전쟁의 윤활유이다. 군부가 위안소를 필수품으로 여긴 것도 전쟁 담당자로서는 당연한 것이라고 할 수 있다(直井正武, 『戰魂』).

위안부 제도 필요악론인 것이다. 이것은 인권 침해라는 사실을 직시할 수 없게 하고, 또 그것을 허용하는 조건이 되고 있었다. 물론 모든 장병이 군위안소를 다니고 있었던 것은 아니다. 여성의 존엄을 중시하고 또 이성으로 성욕을 자제하며 절대로 군위안소에 출입하지 않았던 장병도 있었을 것이고, 또 군위안소에 가는 것을 경멸하거나 성병 감염을 겁내서 가지 않은 병사도 적지 않았다.

그러나 군위안소는 필요악이라고 생각하는 장병이 대다수였다는 것은 부정할 수 없을 것이다.

3. 종군위안부들의 전후

유기된 사람들

일본이 항복한 후 일본군 장병이나 재류 일본인의 대부분은 2년 이내에 귀향선을 타고 일본으로 귀국하였다. 시베리아 억류자도 1950년까지는 거의 대부분이 귀국하고 1956년 말에는 유죄 판결을 받은 2,689명도 석방되어 귀국했다.

위안부들의 경우 해군은 전쟁중인 1944년 9월 귀환 명령을 내려 일본인 위안부를 본국으로 귀국시켰다고 한다(重村, 前揭 手記). 그러나 육군은 특별한 경우를 제외하고는 귀환시키지 않은 것 같다.

패전 후 상당수의 위안부를 귀환시켰다는 것은 다음 자료에서 읽을 수 있다.

프랑스령 인도차이나 연합군사령관은 1945년 9월 7일 지령서 제1호로 "모든 일본 유녀집 및 위안대는 일본군과 함께 철수시킬 것"이라는 조항을 포함한 명령을 내렸다(『資料集』 104). 오키나와(沖繩)의 미군 정부 보고에 의하면, 미군은 오키나와 각지에 방치된 조선인 위안부가 '항상적인 문제 발생원'이 되고 있다고 하여, 오키나와 본도에서 40명, 다른 섬에서 110명, 합계 150명을 모아 1945년 11월중에 조선으로 송환했다(『資料集』 106).

그러나 이와 같은 송환 계획에서 제외되어 본국으로 돌아가지 못한 위안부도 적지 않았다. 위안부 문제를 파헤쳤던 윤정옥(尹貞玉)은 1988년 태국의 핫차이에서 살고 있는 위안부 출신자를 방문하였다(尹ほか, 『朝鮮人女性がみた「慰安婦問題」』). 오키나와의 와타기시키섬(渡嘉敷島)으로 연행된 배봉기는 일본군 항복 후 이시카와(石川) 민간인 수용소에 들어갔지만, 고향으로 돌아갈 기회를 얻지 못했다.

그녀는 수용소를 나오면서 "속아서 일본군에게 끌려와 모르는 나라에 버려졌다"는 생각에 한동안 넋을 잃었다고 한다(川田文子, 『赤瓦の家』). 그녀는 결국 한국에 돌아가지 못하고 1991년 10월 유명을 달리했다. 또 1992년에는 중국의 무한(武漢) 부근에 잔류했던 한국인 위안부 26명의 명부를 위안부 출신자 대표가 한국대사관에 제출하였다(岡村哲, 「中國に殘された韓國人 '慰安婦'」).

이상은 한국인의 사례지만 중국인 · 대만인이 동남아시아 · 태평양 지역에 잔류하고 있는 경우, 인도네시아인 등으로 본국 이외의 지역에 연행되어 잔류하고 있는 경우 등이 판명될 가능성이 있다.

후유증으로 고통받고 있다

위안부 생활을 강제당한 것에 의해 여성들은 전후 후유증·정신적 외상으로 고통받고, 또한 사회적 차별에 고통당하지 않으면 안되었다. 여성들의 전후 병력(病歷) 중 눈에 띄는 것은 위안부 생활 때문에 생긴 성병·자궁질환·자궁적출·불임 등의 육체적인 질병과 신경증·우울증·언어장애 등의 정신적인 질병이다. 이하에서 전형적인 경우를 살펴보자.

『증언』에 의하면, 19명의 한국인 출신 위안부들 중에 2명이 장기간 성병으로 고통받고 있다. 태어난 장남에게 매독 증상이 보여 가정이 파괴된 경우도 있었다.

자궁질환이 적지 않아 자궁적출 수술을 받은 사람도 있다. 위안소에서 구타당했기 때문에 비오는 날 전신이 아프다는 사람도 있다.

19명 중 6명이 결혼하였지만 그중 5명은 후처였다. 6명은 후에 전원이 이혼한다. 8명은 정식으로 결혼하지 못하고, 동거 또는 첩 생활이었다. 남은 5명은 결혼도 동거도 하지 않았다. 이영숙은 위안부 생활이 원인이 되어 아이를 가질 수 없는 몸이 되었기 때문에 동거한 상대방의 마음이 변해 헤어지지 않을 수 없었다고 한다. 고통스러운 체험으로 괴로워하면서도 가정의 뒷받침을 받으며 행복한 전후를 보낸 여성도 있을 것이라 생각되지만, 이름을 밝힌 위안부의 전후 생활은 모두 불행하였다.

『대만보고서』에 의하면, 대만에 거주한 48명의 위안부의 경우, 전후까지 계속되는 성병에 걸린 여성은 한 사람도 없었던 모양이다. 결혼한 사람은 31명인데, 그중 12명이 이혼하였다. 동거한 사람은 10명이었다. 위안부였다는 사실을 남편이 알고 있으나 '평온한 생활'을 보내는 부부는 4쌍뿐으로, 대부분은 남편에게 과거를 알리고 싶지 않다고 생각하고 있다고 한다. 위안부 생활 때문에 26명이 아이를 가질 수 없었고 그 대부분이 양자를 두고 있다. 자궁질환에 걸린 사람은 10명이었다.

「소장(訴狀)」에 의하면, 필리핀인의 경우, 위안부 생활을 강제당한 기간이 몇 날에서 몇 개월 되는 경우가 많고, 길어도 2년 정도였기 때문에 폭력에 의한 상처는 적지 않았지만, 성적 굴종에 의한 신체 손상의 정도는 조선인 · 대만인에 비해 덜한 편이었다. 1950년경에 병원에 가서 성병이 발견되었다는 사람이 한 명, 석방시 질을 봉합하지 않으면 안되었다는 사람이 한 명, 자궁을 적출한 사람이 한 명, 아이를 가질 수 없게 되었다는 사람이 한 명이었다.

그러나 피해가 가볍지 않았다는 것은 말할 필요도 없다. 구타당해 좌측 가슴뼈가 부러져 휘어진 사람, 어깨에 자상을 입은 사람도 있다. 신체적 외상은 아니나, 동거한 상대에게 위안소 체험을 고백하자 남자가 돌아오지 않았다는 증언도 있다. 토마사 사리노그는 남성에 의한 성적 폭력에 대한 공포로 인해 독신으로 살고 있다고 한다.

정신적 외상

위안부들의 정신적 외상도 컸다. 일본인 위안부였던 기쿠마루(菊丸)는 1972년 4월 26일 지바현(千葉縣) 이치가와시(市川市)의 아파트에서 가스로 자살을 하였다. 당시 47세였다. 그녀를 취재하였던 히로타(廣田和子)는 일본군은 "가난하다는 약점을 이용하여 나라를 위한다라든가, 군속이라는 등으로 속여 그녀들을 위안부로 만들었다"고 하며, "어떠한 대의명분이 있다 할지라도 신체를 팔면 마음도 원상태로 되돌아오지 못한다는 것을 취재하면서 몇 번이나 느꼈다"고 진술하고 있다(「トラック島の從軍慰安婦・藝者「菊丸」).

한국인 여성의 경우 "우울 상태가 되면 겨울에도 방문을 열지 않으면 자지 못한다"(이상옥)는 증상은 많은 위안부들에게 공통적으로 보인다. 30세를 넘은 시점에서 노이로제에 걸려 정신착란 증세가 시작된 최명순(가명)의 경우는 정신적 외상의 또 하나의 경우인데, 그녀는 그때 "갑자기 남편이 혐오스러워 닭살이 돋아 '나가'라고 소리를 지르며 발광했다"고 한다(『證言』).

대만인의 경우 스스로를 은근히 경멸하는 의식이 현재도 뿌리깊게 남아 있다. "너무나 부끄러워 고통스럽다", "사람들로부터 떨어져 있고 싶고 자기 자식이나 가족조차도 가까이 하고 싶지 않다", "밖에 나가고 싶지 않다"는 의식이다. 정신적 외상 때문에 일상 생활에 적응하지 못하고 몇 번이나 가출해 길거리에서 방황하고 "몇 번이나 자살하고 싶다고 생각했다"는 경우도 보고되고 있다(『臺灣報告書』). 대만에서는 책임은 일본 국가에 있는데, 아직도 자기 자신을 자책하는 상황이 계속되고 있다.

필리핀인의 경우를 보면, 아모니타 바라하디아는 일주간의 구금 후 군위안소에서 도망쳐 귀가했으나, 그 후 수개월 간 쇼크와 신체적 고통으로 정신적으로 불안하고 망연자실해 있는 나날을 보냈다고 한다(필자의 취재 조사에 의함). 마리아 로사 루나 헨손은 나중에 모친으로부터 들은 바에 의하면, 해방 후 약 1년 반이나 '어린아이와 같은 상태'가 계속되어 걷는 연습부터 시작하지 않으면 안되었다고 한다(필자의 취재 조사에 의함). 주위로부터 비웃음을 사 집에서 숨어 사는 상태에서 인간을 불신하게 되었다고 한다. 또 위안소 생활이 생각나거나 꿈을 꾸면 지금도 "며칠 동안 멍청해져 있거나 혼잣말을 하거나 몸이 아픈" 상태에 빠진다(「訴狀」).

네덜란드인 위안부 잔느 오페르네가 받은 타격도 대단히 큰 것이었다. 그 고뇌에 찬 일단을 그녀는 다음과 같이 말하고 있다.

> 거의 50년이 지난 지금도 압도적인 공포가 머리에서 온몸을 지나 발끝까지 퍼져 온몸이 타는 것 같은 감각이 덮쳐 옵니다. 그것은 매우 기묘한 순간에 덮쳐 옵니다. 악몽중 그것으로 눈을 뜨며 그 후에도 없어지지 않고 침대에서 기웃기웃거리는 것입니다. 무엇보다도 심한 것은 남편이 나를 요구할 때마다 그 감각이 되살아나는 것입니다. 일본인이 한 짓 때문에 나는 지금까지 한 번

도 섹스를 즐겁다고 생각한 적이 없습니다(前掲, 『世界に問われる日本の戰後處理』 第1卷).

사회적 차별 속에서

사회적 차별도 그녀들을 짓눌렀다.

황금주는 "어떻게 하면 다른 사람으로부터 멸시당하지 않고 병들지 않고 살다 죽을 것인가를 계속 생각하고 있다"고 말하고 있으며, 박순애는 "내 자신이 당당하게 살 수 없었고 자식들의 인생도 쓸모없게 만들어 버린 것을 생각하면 너무나 분하다"고 회상하고 있다(이하 『證言』에 의한다). 가정 · 친척으로부터의 차별도 극심했다. 김학순은 결혼해서도 남편으로부터 "불결한 여자다, 군인을 상대하였다"는 등 구박을 당했다. 문옥주는 숙모에게 "양반집에서 너와 같은 계집이 나올 리가 없다"고 크게 꾸지람을 당했다고 한다.

대만에서는 이름을 밝혀도 좋다고 생각하는 사람이 한 명도 없는 것이 현재 상황이다. 가족에게 폐를 끼친다는 것이 그 이유로, 알려지면 가족으로부터 '죽도록 맞는다', '알려지면 모든 것이 끝장이다'는 의식도 굉장히 강하다고 한다(『臺灣報告書』).

필리핀의 엔 헤르텔데스 바리사리사는 1945년 5월에 해방되어 집으로 귀가했으나, 부친은 그녀를 '전염병 환자와 같이' 취급하였고 양친이나 친척도 '더러운 것을 보는 것처럼 경멸했다'고 한다(「訴狀」). 로시타 파갈드 나시노는 일본병에게 좌측 배를 찔렸는데 1944년경 일본군 병영에서 해방된 후, 가족을 찾아 걸어가던 중, 유삿페 게릴라 본부에 끌려가 강간당했다(이하 필자의 취재 조사에 의한다). 일본군 관계자라고 오해받아 강간당한 것이다. 전후 그녀는 마라카니안 궁전과 사법성에 가서 게릴라를 고소하고 싶다고 말했으나, "너는 머리가 이상하다"고 상대해 주지 않았다고 한다.

고통은 끝나지 않는다

이와 같은 억압 상태 속에서 스스로 과거를 감추는 것을 그만두고 이름을 밝히는 것 자체가, 정신적인 억압으로부터 일정한 해방에 이르는 길일 것이다. 김덕진은 정대협에 신고하러 가서 "말하고 싶은 것을 말했으니 한이 반은 풀어졌다"고 말했고, 문필기는 "지금까지 내 마음속에만 묻어 둔 것을 전부 토해 내니까 가슴이 시원하다"고 말했다(『證言』).

대만에서도 자기의 과거를 '납득할 수 없다'고 느끼고, '공정한 정의를 되찾자', '불만을 밝히자'고 느끼고 있는 피해자가 있다(『臺灣報告書』).

그러나 나가노(永野) 전 법무상의 발언과 같이, 일본인이 위안부 문제에 대해서 일본 국가의 책임을 부정할 때마다 그녀들은 그 존엄을 침해당하고 괴로워하는 것이다. 이 점을 이순옥(가명)은 다음과 같이 말하고 있다.

아직도 사회는 우리들을 경멸하고 있습니다. 보상을 받아도 굴욕적인데 보상도 받지 못하면 너무나 분해서 마음을 어떻게 해야 할지 모르겠습니다. 과거의 일을 생각하면 심장이 두근거리고 온몸이 어지럽습니다(『證言』).

일본 정부가 책임을 명백하게 인정하여, 사죄하고 보상함과 동시에 피해자들의 명예를 회복하는 것 없이는 그녀들의 고통은 끝나지 않는 것이다.

맺음말

여성에 대한 차별 의식

마지막으로 지금까지 언급하지 않았던 여성 차별 문제를 생각하며, 종군위안부 제도를 지탱했던 일본 사회의 문제를 검토해 보기로 하자.

필자는 지금까지 구 일본군의 전쟁 체험기를 수없이 읽어 위안부에 관한 기술에 염증이 날 정도였다. 그중에서도 신경이 쓰이는 것은 위안소를 필요악으로서 긍정하는 과거 군인들의 사고의 배후에 있는 여성을 '물건'으로 또는 섹스 대상으로만 여기는 의식이다.

제11군의 통신대 장교는 다음과 같이 말하고 있다.

> 작전이 진행되는 약 50일 간 나는 여성을 전혀 보지 못했다. 그 결과가 남성의 정신 상태를 이렇게 흔들어 버리는 것을 알게 되어 새삼 특수위안소의 필요성을 통감했다. 이 욕망은 식욕이나

배설과 같은 것으로 군인들은 위안소를 공동변소 정도로밖에 생각하고 있지 않았다(久保村正治, 『第11軍通信隊』).

위안부로 강제된 여성은 장병들의 성욕 처리의 도구로서밖에 여겨지지 않아, 그녀들의 인권은 말할 것도 없고 인격조차 무시당하고 있었다.

그리고 대다수의 장병이 여자를 모르는 남자는 남자가 아니다라는 신화에 얽매여 군대에서는 군위안소에 가는 것을 장려하는 문화가 지배적이었다. 인도네시아의 와인갭에 있었던 해군 장교는 다음과 같은 체험을 기록하고 있다.

> 위안소를 모르는 자는 내가 사랑하는 숨바섬을 모르는 자일 뿐만 아니라 해군 사관으로서 혼이 박혀 있는 자가 아니다라는 말에, 중대장의 지휘로 근방 가까이에 있는 어느 위안소로 총공격을 가하게 되고 말았다(川端巖夫, 『スンダ列島の回想』).

중대장의 지휘로 장교가 모두 나갔던 것이다. 스스로 간 예를 보면, 베트남의 빈엔 부근에서 위안소에 간 어느 장교는 그 동기를 '이승에서 마지막으로'(『歩62幹候8期生誌』)라고 기록하고 있고, 광동(廣東)에서 군위안소에 간 어느 병사는 부상병의 모습을 본 다음날 "언제 죽을지 모르는 내 신세, 나도 인간인 이상 한 번은 죽기 전에 여자의 몸을 보고 싶다"고 자신의 마음에 다짐하며 위안소 입구를 지나가고 있다(『近衛步兵第5聯隊史』 上卷).

여자를 모르는 남자는 남자가 아니다, 또는 사는 보람이 없다는 식의 남성 본위의 논리가 국내나 식민지에서는 공창 제도를 지탱해 주고, 전쟁터에서는 군위안소 제도를 유지시키고 있었던 것이다.

일본 사회의 특질

그러면 일본군이나 일본인 남성의 이러한 여성 차별 의식은 어디에서 오는 것일까. 그것은 근대 일본 자체가 남성의 성적 방종, 즉 여성의 인격 · 인권을 무시하며 남자가 성적 욕망을 달성하는 것을 인정하는 문화를 가지고 있었으며, 제1차 세계대전 후에는 그것이 자산가나 명망가뿐만 아니라 민중으로까지 확대되는 조건이 만들어질 수 있었던 것과 깊은 관계가 있다고 생각한다.

역사를 조금 추적해 보자. 1896년에 시행된 민법에서는 호주의 권리를 규정하고 있는데, 그것은 집의 전재산을 지배하고, 가족의 결혼 · 양자결연(養子結緣) · 인지(認知) 등에서도 커다란 권리를 갖는 것으로 되어 있다. 그리고 가업을 상속하여 호주가 되는 것은 원칙적으로 장남이었다. 아내는 무능력자로 취급되며 남편은 첩을 두는 것이 공인되어 있었다. 남편은 아내의 동의를 얻지 않고 다른 여성에게서 출산한 아이를 인지할 수가 있었다. 이것은 여성 멸시의 법적 근거가 되었을 뿐만 아니라 남편의 성적 방종을 인정하는 것이었다.

또 1908년에 시행된 형법에는 간통죄가 규정되어 있었다. 아내가 불륜을 저지른 경우, 남편의 고소에 의해 아내와 상대방 남성이 처벌되었지만, 남편이 저질렀을 경우, 그 상대가 유부녀가 아니면 처벌되지 않았다. 유부녀가 아니면 남편의 성적 방종은 형법상으로도 사실상 인정되고 있었던 것이다.

남자에게 성적 방종을 인정하고 여자에게 정숙을 요구하는 성의 이중 기준은 그것을 보장하는 여성의 성적 역할 분담을 만들어 낸다. 남자는 남편이 있는 여성과 성교를 해서는 안된다는 규범하에 첩이 공인됨과 동시에, 근세로부터 계속되어 온 공창 제도가 국가에 의해 공인되는 것을 필연화한다. 이렇게 해서 여성은 남성측에서 보면 출산하는 성으로서의 아내와 쾌락의 성으로서 매춘부, 그 중간 형태로서의 첩이라는 역할 분담을 강요했던 것이다.

공창 제도의 역사(1)

그러면 공창 제도는 어떠한 것이었을까. 근세 초두에 도쿠가와 막부(德川幕府)는 에도(江戶) · 교토(京都) · 오사카에서 그때까지 도시의 여기 저기에 흩어져 있던 유녀들을 일정한 지역에 모아 외계로부터 격리시켜 관리하고자 하였다. 그것은 치안 유지, 사무라이 사회의 기강 확립이라는 목적도 있었지만, 특정 구획에서의 성적 방종을 공인함으로써 엄격한 신분 질서로부터

의 일시적 '해방'감을 보증함과 동시에 질서 파괴적인 비일상성의 징후, 체제측에 대한·위험한 정보를 유곽 제도를 통해서 파악하기 위해서였다(宮地正人, 『幕末維新期の文化と情報』).

메이지유신 이후에도 공창 제도는 존속되었으나, 1872년 우연히 일어난 마리아 루스호 사건으로 문제로서 부상되었다. 요코하마(横浜)에 입항한 페루의 범선 마리아 루스호에서 도망친 중국인이 붙잡혀 와 고문을 당하자 사기를 당해 페루로 끌려간 중국인 하층 인부 무역 실태가 밝혀지고 요코하마 현청에서 심문이 행해졌다. 귀선을 거부하는 중국인 변호인은 계약서가 '선량한 풍속'에 반하므로 무효라고 주장했다. 귀선을 요구하는 선장의 변호인은 일본에서는 이 계약보다도 "더 구속력이 있는 실로 지독한 계약, 즉 창부 계약조차 강행되고 있다"고 하며, 계약은 유효라고 주장했다(牧英正, 『人身賣買』 이하는 이것에 의거한다).

일본은 선장측의 패소 판결을 내렸지만, 페루의 제소로 러시아 황제에 의한 국제중재재판까지 가게 되었다. 그 과정에서 공창제가 문제가 되었다. 인신 매매 그 자체이지 않나 하는 혐의였다. 당황한 일본 정부는 같은 해 태정관 포고 제295호에서 인신 매매 금지를 확인함과 동시에 예창기를 해방시키고 그 부채 문제는 재판에서 취급하지 않는다는 것을 결정하였다(藝娼妓解放令). 사법성은 이것을 받아들여 성령(省令) 제22호에서 예창기는 "인신의 권리를 잃어버린 자로서 소나 말과 다르지 않다"고 하여 노예라는 것을 인정하는 한편, "소나 말이 변제할 이유 없음"이라고 하여 예창기의 부채는 무효로 변제를 요구해서는 안된다고 명령하였던 것이다.

그러나 일본 정부는 공창제 그 자체를 폐지할 의도는 없었다. 유곽을 요리집(貸座敷)으로 명칭을 바꾸고 요리집 경영자는 창기 등에게 자유 의사에 의해 자리를 빌려준다는 형식으로 형태를 바꾸었다. 그러나 창기에게는 유객 선택의 자유, 요양 휴업의 자유, 외출의 자유, 통신 면접의 자유가 없었다. 여성들의 인신을 구속하는 몸값은 가불금으로서 실제적으로 계속되었다.

폐창 운동(廢娼運動)의 고양으로 겨우 1900년 창기단 속규칙이 제정되어, 자유 폐업 규정이 만들어졌다. 그러나 창기 영업은 공인되어 있다는 점에서, 가불금을 창기 수입으로 변제한다는 계약은, 창기 수입 계약으로서는 무효라고 해도, 금전차용상의 계약으로서는 유효라는 판례가 일반화되어, 자유 폐업은 사실상 곤란했다. 폐업원을 경찰에 내기 위해서는 본인이 출두하지 않으면 안되었으며, 소관 경찰은 지방의 업자와 결탁해 있어 업자의 채권을 보호하기 위해 창기를 업주에게 인도해 주려고 했기 때문이었다.

공창 제도의 역사(2)

공창 제도는 말 그대로 인신 매매, 성의 매매와 자유 구속을 내용으로 하는 사실상의 성적 노예 제도였던 것이다. 그리고 일

본은 이 제도를 대만 · 조선이나, 관동조차지(關東租借地), 위탁통치령의 남양군도에 이식해 간다. 조선에서는 1881년 최초의 개항지인 부산에서 「요리집 및 예창기 영업규칙」을 규정하면서부터 일본은 조선에 공창제를 도입해 갔다. 1910년 '조선 강점' 이후에는 각 도마다 공창제가 실시되어 1916년에는 전국적으로 통일된 「요리집창기단속규칙」이 제정되었다(山下英愛, 「朝鮮における公娼制の實施」). 처음에는 일본인 여성을 창기로서 데려갔지만, 마침내 조선인 여성을 창기로 삼게 되었다.

일본에서도 조선에서도 창기는 지정 지역에 살지 않으면 안 되었고 외출도 제한되었다(集娼制). 1933년에는 내무성령 제15호에서 창기가 유곽 밖으로 외출하는 것을 자유롭게 허용하였으나, 경찰은 창기의 외출을 최소화하여 도주를 막기 위해 노력했다. 예를 들면, 아이치현(愛知縣) 경찰부장은 각 서장들에게 창기의 외출시에는 "목적지, 용건 등을 말하도록 시킬 것", "외출이나 도주 등을 최소화하기 위해 조합에서 수양 · 오락의 기회를 많이 제공하도록 노력할 것", "창기를 선동하는 자가 나올 것도 예상되기 때문에 이러한 사정에 대해 창기들에게 잘 경고하여 불량도배들의 선동에 속지 않도록 미연에 방지할 것" 등을 통보하였다(『愛知縣警察史』 第2卷).

창기의 보호 규정은 일본 국내와 조선과는 차이가 있었다. 창기를 해서는 안되는 연령이 일본 국내의 경우 18세 미만, 조선은 17세 미만이었다. 그리고 일본 국내에서는 통신 · 면접 · 문서열

람 · 물품소지 · 구매 그 외의 자유가 규정되어 있었으나, 조선에서는 계약 · 통신 · 면접의 자유가 규정되어 있을 뿐이었다. 폐업의 자유는 일단 기록되어 있었으나, 일본 국내에서도 자유폐업이 곤란한데, 그 이상으로 구속되어 있는 조선에서는 더욱 곤란했다. 더구나 "일본말이나 글을 몰랐던 조선인 창기의 경우 폐업은 단순한 단어의 나열에 불과할 뿐, 현실적으로는 없는 것과 마찬가지였다"(宋蓮玉, 「日本の植民地支配と國家的管理賣春」). 식민지에서는 성적 노예제의 성격이 보다 강했던 것이다.

더구나 공창 제도에 대한 민중 의식이 대체적으로 긍정적이었다는 점에 중대한 문제가 있었다. 대부분의 일본인은 창기가 된 여성들에 대해 배려하는 것을 잃어버렸다. 몇몇의 창기를 폐지한 현을 제외하면 폐창 운동의 참가자가 일부의 여성해방운동가와 기독교 · 불교 관계자에 국한되어 있었던 것이 그 증거이다.

각 현의 주요 도시에 있었던 연대본부 가까이에는 대개 요리집이 있었다. 휴일에는 병사들이 일반 손님이 되어 거기에 다니고 있었던 것이다. 시게마쓰(重松正史)의 연구에 의하면 1909년 와가야마시(和歌山市) 남부의 이마후쿠(今福)에 보병 제61연대가 유치되었을 때, 요리집을 설치할 것인가 말 것인가가 정치 문제가 되었다(置娼論爭). 다음해 시의회 의원선거에서는 창기를 두는 것에 찬성하는 의원이 많이 당선되었는데, 그것은 특히 경제적으로 보아 '중류 이하'의 계층에 찬성론이 많았기 때문이었다. 이것을 잘 나타내 주는 어느 신문기사는 "중류자 이상은 (유곽이 없어도) 기생들과 놀며 매일 밤 유쾌히 지낼 수 있지만, 하류 노동자는 10년에 한 번도 놀 수가 없다. 그들을 동정해 창기를 두는 것에 찬성하라"고 논하고 있었다(重松, 「郊外開發論争と市政」). 다이쇼(大正) 데모크라시 운동이 확대되어 가던 같은 시기에 '중류 이하'에게도 매춘을 보증하라는 움직임이 있었던 것이다(그러나 이때의 공창 유치 운동은 실패했다).

이렇게 공창 제도가 널리 퍼져 있는 사회에서는 전지(戰地)·점령지에서의 군전용 위안소를 고안해 내는 것은 어떤 의미에서 자연스러운 것이었다. 또 그만큼 위안부에 대한 인권 침해가 의식되지 않고 있었던 것이다.

종군위안부 제도라는 성적 노예제를 가능하게 한 의식은 현재 어느 정도 극복되어 있는 것일까. 공창제는 없어졌고 민법·형법도 개정되었으나, 전자는 개실이 딸린 목욕업으로, 풍속 관련 영업으로 형태를 바꿔 사실상 잔존하고 있다. 일본인의 해외 매춘관광이나 일본에 돈을 벌러 온 외국인 매춘부 등을 보면, 본질은 별로 변하지 않았다고 생각된다. 성에 대한 사고 방식에도 큰 변화가 있는 것 같지 않다. 텔레비전·주간지·만화 잡지 등에 범람하는 누드나 노골적인 성 묘사에서 보이는 것같이 성에 대한 규제가 없어진 정도에 비례하여 욕망이 무절제하게 표출되는 것 같다. 이와 같은 상황에서 "(미군과 비교해 보면 일본군에게는) 무기도 간식도 변변하게 없었지만, 매춘부는 있었다고 하지 않는가. 이 인간으로서의 처절함은 본질적인 것이야"(ビートたけ

ㄴ,『週刊文春』1992年 2月 6日)라는 발언이 나오는 것이다. 성에 대한 의식 · 문화는 전쟁 전 · 전쟁중 · 전후를 통해서 여성에 대한 성폭력을 용인하는 점에서는 거의 변하지 않았다고 말할 수 있는 것이다.

복합적 인권 침해

종군위안부 문제의 본질은 무엇인가. 지금까지 검토해 온 것으로부터 적어도 다음과 같은 점을 지적할 수 있다.

먼저 첫 번째로 군대가 여성을 계속 구속하고 군인이 그러한 사실을 의식하지 않은 채 윤간한다는 것은 여성에 대한 폭력의 조직화이며, 여성에 대한 중대한 인권 침해였다. 그리고 공창 제도의 변종과 같은 형태를 취하고 있었던 경우에도 종군위안부들은 공창 제도 아래에서 인정되었던 폐업의 자유나 통신 · 면접의 자유조차 보장되지 않는, 완전한 무권리 상태에 있었던 것이다 (원래 공창 제도하에서 창기들에게 인정된 권리를 과대시하는 것은 부적절하다. 이 점에서 위안부를 '매춘부형'과 '성적 노예형'으로 분류하는 견해에는 동의할 수 없다). 그러나 많은 경우 요금을 낸다는 형식을 취했기 때문에, 장교는 이 중대한 인권 침해를 자각하는 경우가 거의 없었다. 일본 국내의 공창을 이용하는 것과 같은 감각으로 군위안소에 다니고, 의식하지 못한 채 여성들에게 상처를 입힌 것이다.

두 번째로 인종 차별 · 민족 차별이었다. 예외가 있었다고는 하나, 일본인 위안부는 대개 성년이 된 매춘부에 한정된 데 비해 다른 아시아인 위안부(식민지 · 점령지 여성)의 대다수는 미성년자이든지, 성년이었다 해도 매춘부는 아니었다. 그 배경으로서 일본의 남성 사회에 아시아 여성에 대한 성적 멸시 의식이 폭 넓게 존재하고 있었다는 것을 간과해서는 안된다. 이미 고찰한 바와 같이 "(중국 전선에서의) 조선 여자의 활약은 다른 사람을 압도하고 있어 장래 전쟁에 참고해야 한다"라고 논한 대본영육군부연구반(大本營陸軍部硏究班)이나 필리핀 전선에서 강간이 많은 것은 "여자가 일본인의 취향에 맞아서"라는 육군성 고관의 발언 등은 그 전형일 것이다. 또 억류소에 수용된 네덜란드인 여성이 강제적으로 위안부가 되었다는 사실도 일본인 여성의 경우에는 일어날 수 없다는 의미에서 명백한 차별이었다.

세 번째로 경제적 계층 차별이었다. 위안부로 징집된 여성들의 대부분은 네덜란드인 여성을 제외하면, 일본인, 식민지 여성, 점령지 여성을 불문하고 모두 경제적으로 가난하고 학교 교육을 만족스러울 정도로 받지 못한 여성들이었다. 매춘부 출신 일본인 위안부도 가정이 경제적으로 곤궁했었기 때문에 위안부가 되기 이전에 이미 미성년의 나이에 부모가 팔았든지 아니면 부모를 구하기 위해 몸을 내던졌던 것이다. 속아서 또는 강제적으로 위안부가 된 식민지 · 점령지 여성의 경우에도 일본군은 그들의 빈곤을 구실로 '성적 위안'을 강제했던 것이다.

네 번째로 국제법 위반 행위이며 전쟁 범죄였다. 조선 · 대만,

그리고 중국 · 동남아시아 · 태평양 지역 여성의 경우 미성년자를 연행하거나 책무 노예 형태로 삼거나 속이거나 강제적으로 연행한 사례 또는 위안소에서 강제적으로 사역한 사례가 너무나 많았던 것은 이미 고찰한 대로이다.

종군위안부 문제란 이상과 같은 복합적인 인권 침해 사건이었다. 그리고 이것은 결코 우발적인 것이 아니라 국가 스스로가 추진한 정책이었다는 점에 문제의 심각성이 있는 것이다.

문제 해결을 위해

이러한 복합적이며 중대한 인권 침해를 해결하기 위해서는 어떻게 하여야 할까.

1990년 한국의 여성단체가 제시한 해결안은 '서장'에서 소개했지만, 그 후 일본의 전쟁책임자료센터는 「'종군위안부' 제도에 의한 희생자의 피해 회복에 대한 제언」(1994년 5월)을 발표했다. 또 ICJ도 최종 보고에서 해결을 위한 권고를 하고 있으며, 일본변호사연합회도 「'종군위안부' 문제에 대한 제언」(1995년 1월)을 공표했다. 그중에서 일본 정부가 시행해야만 하는 조치로서 적어도 다음과 같은 조치를 취하지 않으면 안된다고 필자는 생각한다.

1. 종군위안부에 관한 정부 소관 자료의 전면 공개와 모든 피해국의 증인으로부터 청취 조사에 의한 진상 규명

2. 국제법 위반 행위 · 전쟁 범죄를 일본 국가가 범한 사실에 대한 인정과 사죄
3. 책임자를 처벌하지 않은 책임의 승인
4. 피해자 갱생(rehabilitation)의 실행
5. 피해자 명예 회복과 개인 배상
6. 무엇이 잘못이었는가를 명확히 파악하고 과오를 반복하지 않기 위한 역사 교육 · 인권 교육의 실시, 피해자를 추도하기 위한 기념비 설치, 사실(史實)을 명백히 하기 위한 자료 센터의 설치, 역사를 기억하기 위한 기념관의 설치, 또는 그에 대한 원조 등 재발 방지 조치의 시행

종군위안부 문제의 본질이 정확히 인식되고 위에서 지적한 조치가 성실히 실행되는 것이야말로 필요한 것이며, 그것이 이루어지면 중대한 인권 침해 사건을 숨겨왔던 일본의 문화나 인권 의식 · 타민족에 대한 의식이 혁신되고 또 국제적인 신뢰를 획득하는 것도 가능하리라고, 필자는 믿고 있다.

저자 후기

1991년 12월 종군위안부 문제에 대한 조사를 시작한 이후 이미 3년이 지났다.

위안부 문제에 관한 국제공청회에서의 보고, 일본전쟁책임자료센터의 설립에 참가, ICJ 조사에 협력, 한국 · 대만 자료 조사, 한국정신대문제대책협의회와의 두 번에 걸친 공동연구회 참가, 미국 · 아시아학회에서의 보고 등, 최근 3년 간의 경험은 나에게는 귀중한 것이었다. 그리고 그 사이 눈부시게 진전된 국내외의 조사 · 연구에 힘입어 이 책을 정리할 수 있었다.

그런데 종군위안부 출신 여성들이 이름을 밝히고 나오기까지 나는 위안부로 강제된 과거에 의해, 계속해서 고통을 당하는 사람이 현재에도 있다는 것을 부끄럽게도 충분히 상상할 수 없었다. 나카노(中野重治)는 이미 1947년 4월에 본문에서 인용한 나카야마(中山忠直)의 문장을 비판하면서 "'낭자군(娘子軍)'이라는 이름으로 오랫동안 불리운 사람들(여기에서는 종군위안부를 말한다)에 대해 지금이야말로 송두리째 다시 생각할 필요가 있지 않은가"(『人民戰線』 第10 · 11合併号)라고 말했는데, 전쟁이 시작되자마자 억지로 끌어모아졌던 사정에서부터 전후의 상황까지를 포함하여 '송두리째' 다시 생각할 필요가 있었던 것이다. 조사를 진행하는 과정에서 피해자의 고통은 현재에도 계속되고 있으며, 이것은 50년 전의 지나간 일이 아니라 현재의 문제라는 사실을 통감하였다. 또 그 사이에 구 유고슬라비아에서 민족 정화나 집단 강간 등이 일어나고, 15년전쟁하의 위안부 문제와 동일한 문제가 현대에서도 형태를 바꿔 재발할 가능성이 있다는 것을 실감하지 않을 수 없었다. 그러한 환경에 놓였을 때 우리들은 어떻게 행동해야 할 것인가. 위안부 문제의 확실한 해결과 재발 방지 조치는 무엇보다 현대의 과제인 것이다.

이 책을 다 쓰고 나서야 겨우 나름대로 종군위안부 문제의 전체상을 구성할 수 있게 되었다는 느낌이 왔다. 아직 규명되지 않은 부분도 많지만, 이 책이 종군위안부 문제 이해에 도움이 되었으면 한다. 또 이 책이 앞으로의 조사 · 연구에 디딤돌이 되고, 나아가 문제의 근본적인 해결에 도움이 된다면 그보다 더한 기쁨은 없을 것이다.

물론 위에서 말한 과제와 관련해서 본다면, 또 진상의 전면적 해명이라는 점에서 본다면, 이 책은 아직 중간 과정에 있을지도 모른다. 특히 조선총독부 · 대만총독부의 관여에 관한 보다 심도 깊은 분석은 앞으로의 과제로 남아 있다.

금후 완전한 전체상의 제시를 위해서 적어도 다음과 같은 상황이 변화되어야 할 것이다. 첫째, 일본 정부는 1992년 봄부터 어느 정도 자료 조사를 행하고 있으나, 1993년 8월 이후 사실상 조사를 중지하고 있다. 또 중요한 자료를 아직도 공개하고 있지 않다. 다음으로 중국 · 동남아시아 · 태평양 지역에서는 필리핀을 제외하고 피해자가 거의 발언을 하고 있지 않으며, 이들 지역의 정부도 진상 해명을 요구하고 있지 않다.

위의 과제를 달성하기 위해서도 다시 한 번 일본 정부에 관련 자료의 전면 공개를 요구한다. 또 피해 각국에서의 조사 · 연구의 진전을 기대한다.

이 책을 정리하는 데 많은 분들의 도움을 얻었다. 위안부 할머니들은 장시간의 청취 조사에 흔쾌히 응해 주셨다. 또 그때 윤정옥, 네리아 산초, 유광건(有光健), 우스키(臼杵敬子) 씨를 비롯하여 '한국정신대문제대책협의회', '한국태평양전쟁희생자유족회', '일본군에 의해 성적 노예가 된 여성 피해자 조사특별위원회'(TFFCW : 현 리라 필리피나), '일본의 전후 책임을 명확히 하는 회', '필리핀인 전종군위안부를 지원하는 회', '재일 위안부 재판을 지원하는 회' 관계자 여러분들과 아이타니(藍谷邦雄), 다카키(高木健一) 두 변호사의 지원을 얻었다.

후의에 감사드림과 동시에 지면 관계로 청취 조사 성과를 얼마 싣지 못한 점을 사죄드린다. 고쓰키(香月久治) 씨를 비롯한 분들로부터는 귀중한 증언을, 요시다(吉田裕), 엔도(遠藤龍彦) 두 분 이외의 여러분들로부터는 중요한 자료 · 정보를, 아사히신문사로부터는 「스마란위안소사건 관계재판 자료」를 제공받았다. 많은 자원봉사자에 의한 일본의 전쟁책임자료센터의 전쟁체험기 · 부대사(部隊史) 조사에도 이 책은 많은 것을 빚지고 있다. 또 동 센터의 「종군위안부」 연구부회의 가와타(川田文子), 김부자, 니시노(西野留美子), 하야가와(早川紀代), 하야시(林博史), 후지(藤井忠俊), 양징자, 윤명숙 씨들로부터는 매회 연구회에서 많은 것을 배웠다. 또 아라이(荒井信一) 대표를 비롯하여 동 센터의 많은 분들로부터 큰 격려를 받았다. 기록하여 감사드리고 싶다.

이와나미서점 편집부의 오야마(大山美佐子), 이노우에(井上一夫) 씨는 원고의 완성을 따뜻하게 지켜보아 주셨다. 특히 이노우에 씨는 최초로 본격적인 서술을 정리하기 위한 작업에 귀중한 조언을 해 주셨다. 이렇게 정리할 수 있었던 것은 두 분의 덕택이다. 감사드린다.

1995년 3월

요시미 요시아키(吉見義明)

참고문헌

愛知縣警察史編集委員會編,『愛知縣警察史』2, 愛知縣警察本部, 1973年.

麻生徹男,『上海より上海へ』, 石風社, 1993年.

阿部浩己,「軍隊 '慰安婦' 問題の法的責任」,『法學セミナ-』466号, 1993年 10月.

荒敬編,『日本占領・外交關係資料集』3, 柏書房, 1991年.

荒木虎雄,『北支逃避行』, 鑛脈社, 1982年.

栗屋憲太郎編,『資料日本現代史』2, 大月書店, 1980年.

栗屋憲太郎・川島高峰編,『敗戰時全國治安情報』全7卷, 日本圖書センタ-, 1994年.

市川房枝編,『日本婦人問題資料集成』1, ドメス出版, 1978年.

稲葉正夫編,『岡村寧次大將資料』(戰場回想編), 原書房, 1970年.

礒崎隆子,『生ある限りルソンへ』, 講談社, 1984年.

今西義則,『軍醫の手記』, 私家版, 1973年.

今村均,『今村均回顧錄』, 芙蓉書房, 1980年(原題『私記・一軍人六十年の哀歡』, 芙蓉書房, 1970年).

宇佐美喬爾,『ああ滿鐵』, 講談社, 1983年.

內海愛子,「戰時下の外國人の人權」,『戰爭責任研究』3, 1994年 3月.

大原槇子,『悲しみは松花江に流して』, にじ書房, 1987年.

大村哲夫,「'現地調達' された女性たち」,『世界』584号, 1993年 7月.

岡部直三郎,『岡部直三郎大將の日記』, 芙蓉書店, 1982年.

荻野富士夫,「富山縣における '勞務慰安婦' について」,『戰爭責任研究』6, 1994年 12月.
奧村哲,「中國に殘された韓國人 '慰安婦'」,『戰爭責任研究』5号, 1994年 9月.
オランダ政府,「日本占領下蘭領東インドにおけるオランダ人女性に對する强制賣春に關するオランダ政府所藏文書調査報告」,『戰爭責任研究』4号, 1994年 6月.
海軍經理學教補修學生第10期文集刊行委員會編,『滄溟』, 同委員會, 1983年.
海軍主計九期會,『五分前の青春』, 同會, 1979年.
賀數かつ子,「沖縄縣の慰安所マップ作成をとおして」,『第5回全國女性史研究交流のつどい報告集』, 同實行委員會, 1994年.
川崎正美,『患者輸送第八十九小隊』, 私家版, 1988年.
川田文子,『赤瓦の家』, 筑摩書房, 1987年.
_______ ,『皇軍慰安所の女たち』, 筑摩書房, 1993年.
川端巖夫,『スンダ列島の回想』, 私家版, 1990年.
龜尾進,『魔のシッタン河』, 旺史社, 1980年.
韓國挺身隊問題對策協議會・挺身隊研究會編,『證言 — 强制連行された朝鮮人軍慰安婦』, 明石書店, 1993年.
姜在彦,『日本による朝鮮支配の40年』, 朝日文庫, 1992年.
金一勉,『天皇の軍隊と朝鮮人慰安婦』, 三一書房, 1976年.
金富子・梁澄子,『もっと知りたい '慰安婦' 問題』, 明石書店, 1995年.
草戶廖太郎,『征途の果て』, 私家版, 1992年.
久保田勳,『望鄕 南滿洲鐵道』, 共同文化社, 1990年.
久保村正治,『第11軍通信隊』, 圖書出版社, 1987年.
倉橋正直,『從軍慰安婦問題の歷史的研究』, 共榮書房, 1994年.

憲兵司令部編, 『薩哈嗹派遣憲兵史』, 同司令部, 刊行年不明.

國際公聽會實行委員會編, 『世界に問われる日本の戰後處理』 1, 東方出版, 1993年.

近衛步兵第五聯隊史編集委員會, 『近衛步兵第五聯隊史』 上, 近步五會, 1990年.

小林大治郎 · 村瀨明, 『みんなは知らない國家賣春命令』, 雄山閣出版, 1992年(초판 1961年).

衣第3040 部隊記念事業實行委員會編, 『黃土—北支派遣衣第3040部隊の足跡』, 同委員會, 1977年.

財團法人台北市婦女救援社會福祉事業基金會編, 『臺灣地區慰安婦訪問調査個別分析報告書』, 同基金會, 1993年.

櫻田武 · 鹿內信隆, 『いま明かす戰後秘史』上, サンケイ出版, 1983年.

佐藤寬二, 『赤いチューリップの兵隊』, 千秋社, 1978年.

參謀本部編, 『大正七年乃至十一年西伯利出兵史』 4, 參謀本部, 1938年.

重松正史, 「郊外開發論爭と市政」, 『日本史硏究』 359号, 1992年 7月.

重村實, 「特要員と言う名の部隊」, 『特集文藝春秋』 1号, 1955年 2月.

輜重兵第32聯隊第1中隊戰友會八木會編, 『我らの軍隊生活』, 同會, 1983年.

島田俊彥, 『關東軍』, 中公新書, 1965年.

下津勇, 『泥濘と黃塵』, 經濟政潮社出版局, 1978年.

ジャンヌ · オフェルネ, 「レイプされた女の叫び」, 『福音宣教』 47卷 5号. オリエンス宗敎硏究所, 1993年 5月.

新京陸軍經理學校第5期生記念文集編集委員會事務局編, 『追憶』上, 同事務局, 1985年.

『樞密院會議會議錄』 38, 東京大學出版會, 1987年.

鈴木卓四郎,『憲兵下士官』, 新人物往來社, 1974年.
鈴木裕子,『朝鮮人従軍慰安婦』, 岩波ブックレット, 1991年.
________,『'従軍慰安婦'問題と性暴力』, 未來社, 1993年.
住本利男,『占領秘錄』上, 毎日新聞社, 1952年.
セオドア・ホワイト,『歴史の探求』上, サイマル出版會, 1981年.
千田夏光,『従軍慰安婦・慶子』, 光文社, 1981年.
________,『従軍慰安婦』正・續, 三一書房, 1978年(초판 双葉社, 1973年).
宋連玉,「日本の植民地支配と國家的管理賣春」,『朝鮮史研究會論文集』32 , 1994年 10月.
第三師團衛生隊回顧錄編集委員會編,『第三師團衛生隊回顧錄』, 同回顧錄刊行會, 1979年.
高崎隆治編,『軍醫官の戰場報告意見書』, 不二出版, 1990年.
高野部隊戰友會,『高野部隊ミンダナオ島戰陳記』, 同戰友會, 1989年.
田中常雄編,『追憶の視線』下, オルプライニング, 1989年.
田中利幸,『知られざる戰爭犯罪』, 大月書店, 1993年.
玉井紀子,『日の丸を腰に巻いて』, 現代史出版會, 1984年.
茶園義男編,『BC級戰犯和蘭裁判資料・全卷通覽』, 不二出版, 1992年.
ドウス昌代,『マッカサの二つの帽子』, 講談社文庫, 1985年(초판『敗者の贈物』, 講談社, 1979年).
直井正武,『戰魂』, 東宣出版, 1973年.
長澤健一,『漢口慰安所』, 圖書出版社, 1983年.
長澤秀編,『戰時下朝鮮人中國人聯合軍浮虜强制連行資料集』3, 綠蔭書房, 1992年.
長嶺秀雄,『隨筆 戰場』, 私家版, 1987年.

中山忠直,「滿蒙の旅(3)」,『東洋』, 東洋學會, 1933年 11月.
南京戰史編集委員會編,『南京戰史資料集』, 偕行社, 1989年.
南原幸夫,『遙かなる佛印』, 私家版, 1983年.
西野留美子,『從軍慰安婦』, 明石書店, 1992年.
＿＿＿＿,『從軍慰安婦と十五年戰爭』, 明石書店, 1993年.
日本の戰爭責任資料センタ,「國立國會圖書館所藏の戰爭體驗記・部隊史調査について」,『戰爭責任研究』3号, 1994年 3月.
＿＿＿＿,「'從軍慰安婦'制度による犧牲者の被害回復についての提言」, 1994年 5月 16日, 同上, 4, 1994年 6月.
日本辯護士聯合會,「'從軍慰安婦問題'に關する提言」, 同會, 1995年 1月.
禾晴道,『海軍特別警察隊』, 太平出版社, 1975年.
秦郁彦,『昭和史の謎を追う』下, 文藝春秋, 1993年.
浜田芳久,『ビルマ敗戰記』, 圖書出版社, 1982年.
林郁,『新編 大河流れゆく』, ちくま文庫, 1993年(구판 朝日新聞社, 1988年).
林博史,「マレー半島の日本軍慰安所」,『世界』579号, 1993年 3月.
＿＿＿＿,「陸軍の慰安所管理の一側面」,『戰爭責任研究』創刊号, 1993年 9月.
＿＿＿＿,「マレー半島における日本軍慰安所について」,『關東學院大學經濟學部一般教育論集』15, 1993年 7月.
＿＿＿＿,「シンガポールの日本軍慰安所」,『戰爭責任研究』4, 1994年 6月.
原暉之,『シベリア出兵—革命と干涉』, 筑摩書房, 1989年.
平原一男,『山砲の芷江作戰』, 私家版, 1991年.

廣崎リュウ,「從軍慰安婦には返還されない軍事郵便貯金」,『週刊金曜日』26 , 1994年 5月 20日.
廣田和子,『證言記錄 從軍慰安婦・看護婦』, 新人物往來社, 1975年.
________ ,「トラック島の從軍慰安婦・藝者'菊丸'」,『女性たちの太平洋戰爭』別冊歷史讀本 34, 新人物往來社, 1994年 2月.
彥坂諦,『男性神話』, 徑書房, 1991年.
「フィリピン'從軍慰安婦'補償請求事件訴狀」, 第1次(1993年 4月 2日), 第2次(1993年 9月 20日)
總山孝雄,『南海のあけぼの』, 叢文社, 1983年.
法務大臣官房司法法制調査部,『戰爭犯罪裁判概史要』, 1973年.
細川忠矩,『戰場道中記』, 私家版, 1992年.
細川護貞,『細川日記』, 中央公論社, 1978年.
堀江祐司,『湘桂作戰に從軍した一軍醫の回想』, 私家版, 1988年.
『步六二幹候八期生誌』, 同誌刊行事務局, 1992年.
牧英正,『人身賣買』, 岩波新書, 1971年.
松浦敬紀編,『終りなき海軍』, 文化放送開發センター出版部, 1978年.
溝部一人編,『獨山二—もう一つの戰爭』, 私家版, 1983年.
宮地正人,『幕末維新期の文化と情報』, 名著刊行會, 1994年.
森利,『モリトシの兵隊物語』, 青村出版社, 1988年.
安原桂子,「各國慰安婦の戰後と現在」,『戰爭責任研究』3号, 1994年 3月.
柳澤勝,『オレはまんねん上等兵』, エイジ出版, 1981年.
『野砲兵第三聯隊第三中隊湘桂作戰の思い出』, 同編集委員會, 1986年.
山口彥三,『落日の賦』, まつやま書房, 1987年.
山崎丹照,『外地統治機構の研究』, 高山書院, 1943年.

山下英愛,「朝鮮における公娼制の實施」, 尹貞玉ほか,『朝鮮人女性がみた'慰安婦問題'』, 三一書房, 1992年.

山田定,『憲兵日記』, 駿河台書房, 1985年.

山田清吉,『武漢兵站』, 圖書出版社, 1978年.

尹貞玉ほか,『朝鮮人女性がみた'慰安婦問題'』, 三一書房, 1992年.

尹明淑,「中日戰爭期における朝鮮人軍隊慰安婦の形成」,『朝鮮史研究會論文集』32号, 1994年 10月.

吉田裕,『天皇の軍隊と南京事件』, 青木書店, 1985年.

吉見義明編,『從軍慰安婦資料集』, 大月書店, 1992年.

________ ,「陸軍中央と'從軍慰安婦'政策」,『戰爭責任研究』創刊号, 1993年 9月.

________ ,「'從軍慰安婦'政策の指揮命令系統」,『商學論纂』35卷 5・6号, 中央大學, 1994年 3月.

陸上自衛隊衛生學校編,『大東亞戰爭陸軍衛生史』1, 同校, 1971年.

勞働省婦人少年局編,『賣春に關する資料』, 改訂版, 1955年.

渡部良三,『歌集 小さな抵抗』, シャローム圖書, 1994年.

關東軍參謀部宣傳參考,「漢民族の特質」, 1933年 7月, 陸軍省,『滿洲事變陸軍衛生史』8, 陸軍省, 1938年.

北支那方面軍司令部,「共産黨の我軍隊に對する思想的瓦解工作の眞想と之が防遏方策」, 1939年 4月 5日, 國立公文書館所藏.

金原節三,「陸軍省業務日誌摘錄」, 前篇全 14卷・後篇全24卷, 1940年 1月~1942年 1月, 防衛廳防衛研究所圖書館所藏(原本 陸上自衛隊衛生學校所藏).

混成第14旅團司令部,「衛生業務旬報」, 1933年各号, 國立公文書館所藏.

「スマラン慰安所事件關係裁判資料」, 朝日新聞社 提供.
第11軍司令官阿阿南惟幾, 「特別報告提出の件」, 1942年 3月 30日, 『陸支普大日記』, 1942年 9号, 防衛廳防衛研究所圖書館所藏.
第13師團長內山英太郎, 「特別報告中軍人變死の件」, 1942年 3月 21日, 同上.
大本營陸軍部研究班, 「支那事變に於ける軍紀風紀の見地より觀察せる性病について」, 1940年 10月, 防衛廳防衛研究所圖書館所藏.
朝鮮軍臨時兵站司令部仁川支部, 「第二十師團轉屬人馬輸送業務詳報」, 1938年 1月, 『密大日記』, 1938年 11月号, 防衛廳防衛研究所圖書館所藏.
內務大臣請議, 「朝鮮總督府部內臨時職員設置制中改正の件」, 1944年 6月 27日, 『公文類集』, 68編 25卷(1944年) · 官職門 · 官制 25 · 朝鮮總督府4, 國立公文書館所藏.
中支那派遣憲兵隊司令部, 「陸軍軍人軍屬非行表」, 1941年 11月 · 1942年 2月, 『陸支普大日記』, 1942年 6号 · 9号, 防衛廳防衛研究所圖書館所藏.
荻原彥三拓務省朝鮮部長, 「漢口への渡航者取締に關する件」, 1939年 2月 20日, 朝鮮總督府外務課, 『昭和十三年, 十四年旅券例規(東洋)』, 韓國政府記錄保管所釜山支所所藏.
北支警察部, 「邦人職業別人口統計表」, 1939年 7月 1日, 外務省外交史料館所藏.
北海道廳, 「昭和二十年長官事務引繼書」, 北海道立文書館所藏.
馬來軍政監, 「慰安施設及旅館官業取締規程」, 馬來軍政監部, 『軍政規定集』 3号, 1943年 11月 11日, 防衛廳防衛研究所圖書館所臧.
馬來軍政監, 「慰安施設及旅館營業遵守規則」, 同上.

マンダレ 駐屯地司令部, 「駐屯地慰安所規定」, 1943年 5月 26日, イギリス帝國戰爭博物館所藏(林博史氏 提供).

森川部隊(獨立山砲兵第三聯隊), 「森川部隊特種慰安業務に關する規定」, 1939年 11月 14日, 獨立山砲兵第3連隊, 『陣中日誌』, 1939年 11月, 防衛廳防衛硏究所圖書館所藏(松野誠也氏 提供).

「蘭領印度法令公報」 44号, 法務大臣官房司法法制調査部, 『戰爭犯罪裁判關係法令集』 2, 1965年.

陸亞密第1283, 「陸軍關係者南方占領地(含香港)進出手續に關する件」, 1942年 4月 23日, 『陸亞密大日記』, 1942年 18号, 防衛廳防衛硏究所圖書館所藏.

陸亞密第1398号, 「渡航手續に關する件」, 1942年 11月 18日, 『陸亞密大日記』, 1942年 55号, 防衛廳防衛硏究所圖書館所藏.

Enloe, Cynthia, *Does Khaki Become You?：The Militarisation of Women's Lives,* South End Press, Boston, 1983.

Fall, Bernard B., *Street Without Joy,* Stackpole Company, Harrisburg, Pennsylvania, 1961.

International Commission of Jurists (ICJ), *Comfort Women：An Unfinished Ordeal*, November, 1994, ICJ, Geneva. (일본어역：國際法律家委員會, 『國際法からみた '從軍慰安婦' 問題』, 明石書房, 1995年).

Seidler, Franz, *Prostitution, Homosexualität, Selbstverstümmelung：Probleme der deutschen Sanitätsführung,* Kurt Vowinkel Verlag, Neckargemünd 1939～1945, 1977.

역자 후기

이 책은 일본근현대사 연구의 권위자인 요시미 요시아키(吉見義明) 교수의 『從軍慰安婦』(岩波書店, 東京, 1995년)를 번역한 것이다. 지금까지 일본군 군대위안부에 관해서 몇 가지의 책자가 일본과 한국에서 출판되었지만 그 전체상을 밝힌 본격적인 연구서는 없었다. 요시미 요시아키 교수의 이 연구서는 일본군 군대위안부 문제에 관해 전체상을 해명한 본격적인 연구서라는 점에서 큰 의미가 있다고 하겠다.

저자는 당사자들과의 인터뷰를 포함하여 이용 가능한 여러 사료를 통해 군위안소 설치 과정, 여성들의 징집 경위와 그들의 생활상, 그리고 그녀들의 전후의 상황을 추적하여 그 실태를 명확히 밝히고 있다. 이러한 역사적 검증 과정을 통해 저자는 일본정부와 군이 관여한 일본군 군대위안부 제도가 전쟁 범죄, 성 범죄, 민족 차별이었음을 주장하고 있다.

동시에 저자는 이 책을 통해 일본 국가의 책임에 대해서도 언급하고 있다. 즉 군위안소 중 '군직할의 군인 · 군속 전용의 위안소'와 '형식상 민간 업자가 경영하지만 군이 관리 · 통제하는 군인 · 군속 전용의 위안소'에 대한 일본 국가의 책임은 말할 것도 없고, '일반인도 이용하지만 군이 지정했던 군 이용 위안소에서 군이 특별한 편의를 주문한 위안소'에 관해서도 이용의 정도에 대응해 일본 국가의 책임이 있음을 명확히 하고 있다.

그러나 이 연구서 역시 남겨진 과제가 없는 것은 아니다. 저자가 '후기'에서 지적하듯이, 진상의 전체적 해명이란 점에서 보면 아직도 해명되어야 할 문제는 많이 남아 있으며, 특히 조선총독부의 관여에 관한 분석은 중요한 과제라고 할 수 있을 것이다. 이를 위해서는 일본 정부의 사료공개와 함께 피해당사국에서의 이 문제에 대한 관심과 조사 · 연구의 진전이 필요하다고 할 수 있다.

한편 저자는 일본군 군대위안부 문제와 관련된 사료발굴에 있어서도 선구적 역할을 담당해 왔다. 일본군 군대위안부 문제가 한일 양국의 사회적 문제로 대두된 계기는 1991년 12월 군대위안부 출신 김학순 할머니 등 3명이 도쿄지방재판소에 사죄와 배상을 요구하는 소송을 제기한 사건에서부터 시작되었다. 저자는 일본방위청 방위연구소 도서관에서 일본군이 군위안소 설치를 지시한 공문서를 확보하고 있었는데, 김학순 할머니 등의 소송제기를 계기로 공문서를 신문에 발표하였다〈『아사히신문(朝日新聞)』 1992년 1월 11일〉.

이러한 노력들의 결과로 1993년 8월 고노(河野洋平) 당시 관방장관은 담화를 통해 일본군 군대위안부 연행과 위안소 설치 운영에 일본군이 관여했음을 명확하게 인정하기에 이르렀던 것이다. 그러나 일본 정부는 '1965년 한일청구권에 의한 배상 완료' 등의 이유를 들어 국가의 법적 책임을 회피해 오면서, 국제 사회의 비난 여론을 의식해 1995년 7월 '여성을 위한 아시아평화 국민기금(여성기금)'을 발족시켜 피해 여성들에게 위로금을 지급하는 형태로 사태를 종결시키려고 획책하였다.

실제로 1997년 1월 '여성기금'은 한국인 피해자 7명에게 위로금을 지급해 한일간 외교마찰을 불러일으켰는데, 1998년 4월 새로 출범한 김대중 정부는 피해 여성들에게 지원금 지급을 결정함으로써 문제를 근본적으로 해결하려는 의지를 표명하였던 것이다.

이러한 과정에서 일본군 군대위안부 피해자에 대한 일본의 국가적 배상책임을 인정하는 최초의 판결이 1998년 4월 27일 일본 야마구치(山口) 지방법원 시모노세키(下關) 지부에서 나오게 되었다. 한국인 이순덕(李順德, 79세) 씨 등 위안부 피해자 3명과 여자근로정신대 피해자 7명 등 모두 10명이 일본 국가를 상대로 낸 손해배상 소송(총 5억 6,400만엔)에서, 시모노세키 지부는 "일본 국가는 위안부 피해자 3명에 대해 국가배상으로 각각 30만엔씩을 지급하라"고 원고 일부 승소판결을 내렸다.

재판부는 판결문에서 우선 "군위안부 제도는 철저한 여성 차별 민족 차별이며 여성의 인격과 존엄을 뿌리째 침해하고 민족의 자존심을 짓밟아 일본국 헌법이 인정하는 기본적 인권 침해로 판단된다"고 군대위안부 제도에 대한 인식을 정리하면서, "제국(帝國) 일본과 동일성이 있는 피고국(일본)은 군위안부 여성에 대해 피해가 커지지 않도록 배려할 의무가 있는데도 여러 해에 걸쳐 위안부를 방치, 고통을 더하게 하는 새로운 침해를 했다"고 일본 국가의 책임을 분명히 하였다.

또한 1993년 8월 내각에 조사보고서가 제출돼 고노(河野洋平) 당시 관방장관의 담화를 통해 일본 정부가 위안부 동원에 구 일본군이 관여했음을 공식으로 천명했음에도 불구하고 일본 국회는 이 문제 해결을 위한 입법행위의 노력을 다하지 않았다고 지적, 먼저 입법부의 직무유기 책임을 물었다. 동시에 행정부의 책임도 지적했다. 일본 정부는 그 동안 '배상을 위한 법률 미비', '시효 만료'라는 이유로 법적 책임을 회피해 왔는데, 재판부는 "근거 법률이 없어도 국가 배상이 인정된다"고 국가로서의 역사적 책임을 분명히 했다.

이와 같이 재판부는 일본 국가의 배상책임을 분명히 하고 위자료 지불 판결을 내리면서도, 그러나 "공식사죄의 의무까지는 없다"고 규정하였다. 또한 근로정신대 국가배상 책임에 대해서도 "근로정신대 출신의 원고들이 결과적으로 속아 가혹한 조건 아래서 근로현장에 동원되어 많은 고통을 겪은 것은 인정"되지만, "군위안부 원고들이 본 피해와 비교하면 성질과 정도에 차이가 있다"고 하면서, "일본국 헌법상 묵시할 수 없는 중대한 인권 침해라고까지는 인정하기 어려우며 원고들이 주장하는 '정신근로계약'도 성립되지 않는다"고 위안부 문제와 근로정신대 문제를 구별하여 판결하였다.

이것은 저자 요시미 교수도 본문과 '한국어판 서문'에서 "여자정신근로령에 근거한 위안부의 동원은 없었다고 생각된다. 그 외 말단에서 관헌이 손을 쓴 폭력적인 징집의 유무는 앞으로 실증해 가지 않으면 안될 것이다"라고 지적하면서, 위안부 문제와 근로정신대 문제를 구별할 필요를 지적한 것과 일치하고 있다. 따라서 앞으로 위안부 문제 및 근로정신대 문제를 보다 구체적인 역사적 사실에 근거한 연구가 진행되어야 할 것이다.

이번 판결은 국가배상이라는 길을 일단 터놓았고, 개인적으로 소송해도 배상의 길이 열릴 수 있다는 점에서 중요한 의미를 갖는다고 할 수 있는데, 최종판결과 기타 소송사건의 진행 과정과 결과 등을 주목할 필요가 있다.

끝으로 이 책이 출판되기까지 도움을 주신 한림대학교 일본학연구소와 출판사 관계자 여러분들께 감사드린다.

1998년 6월

어두골에서 이규태

저자 요시미 요시아키(吉見義明)

1946년 야마구치현(山口縣)에서 출생

1970년 도쿄대학 문학부 졸업

1972년 도쿄대학 문학부 인문과학연구과 석사 과정

현재 주오(中央)대학 상학부 교수

저서 『草の根のファシズム』(東京大學出版會)

『從軍慰安婦資料集』(編著, 大月書店)

『資料日本現代史4 翼贊選擧1』(共編, 大月書店)

『資料日本現代史5 翼贊選擧2』(共編, 大月書店)

『資料日本現代史10 日中戰爭期國民動員1』(共編, 大月書店)

『資料日本現代史11 日中戰爭期國民動員2』(共編, 大月書店) 등

역자 이규태(李圭泰)

1959년 전남 광주 출생

1988년 히토쓰바시(一橋)대학 사회학부 졸업

1995년 히토쓰바시대학 사회학연구과 석사 박사

현재 한일대학교 인문사회과학부 교수

저서 『米ソの朝鮮占領政策と南北分斷體制の形成過程』(信山社, 東京, 1997年) 등

한림신서 일본학총서 발간에 즈음하여

1995년은 제2차 세계대전이 끝나고 우리나라가 일본 식민지에서 해방된 지 50년이 되는 해이며, 한 · 일간에 국교정상화가 이루어진 지 30년을 헤아리는 해이다. 한 · 일 양국은 이러한 역사를 되돌아보면서 앞으로 크게 변화될 세계사 속에서 동북아시아의 평화와 번영을 추구해야 하리라고 생각한다.

한림대학교 일본학연구소는 이러한 역사의 앞날을 전망하면서 1994년 3월에 출범하였다. 무엇보다도 일본을 바르게 알고 한국과 일본을 비교하면서 학문적 · 문화적 교류를 모색할 생각이다.

본 연구소는 일본학에 관한 자료를 수집하고 제반 과제를 한 · 일간에 공동으로 조사 · 연구하며 그 결과가 실제로 한 · 일 관계 발전에 이바지할 수 있도록 노력하고자 한다. 그러한 사업의 일환으로 여기에 일본에 관한 기본적인 도서를 엄선하여 번역 출판하기로 했다. 아직 우리나라에는 일본에 관한 양서가 충분히 소개되지 못했다고 느껴지기 때문이다.

본 연구소는 조사와 연구, 기타 사업이 한국 전체를 위해야 한다고 생각하며 한 · 일 양국만이 아니라 다른 여러 나라의 연구자나 연구 기관과 유대를 가지고 세계적인 시야에서 일을 추진해 나갈 것이다. 그러므로 누구나 열린 마음으로 본 연구소가 뜻하는 일에 참여해 주기를 바란다.

한림신서 일본학총서가 우리 문화에 기여하고 21세기를 향한 동북아시아의 상호 이해를 더하며 평화와 번영을 증진시키는 데 보탬이 되기를 바란다. 많은 분의 성원을 기대해 마지않는다.

1995년 5월

한림대학교 일본학연구소